1896 ———— 1970on

走岔的西伯利亞鐵路

《中俄密約》與國際政治博弈

徐永泰 博士 著
Dr. Yungtai Hsu (Oxon.)

感謝辭

　　本書用的資料除了中俄方面的資料外，當年作者在英國牛津大學就讀在指導老師埃爾文教授（Prof. Mark Elvin）建議下，前往英國外交部在英格蘭許多古老不用的城堡，存放已經被英國政府允許公布的外交檔案室（British Public Records），大量採用參照第一手資料，得到非常珍貴的對比歷史文件經驗。在寒冷的冬天，搭公車去英格蘭森林中的古堡邱園（Kew Garden），進入藏資料室（National Archieves），撥翻一百多年前的大英帝國的殖民和外交檔案（Foreign Commonwealth & Development），這些內部存檔涉及敏感資料和未解密的內容。古堡外寒風細雪，室內的火爐旁，我獨自一人，享受著一個歷史學者尋找過去沒有被發掘的歷史觀點，在小鎮住了兩週，粗茶淡飯，生活簡單，但這種獨特收穫是從事學術研究的最大快樂，輔助了這一本書敘述和獨立思路的完成，數十年後，終於完成擴大原本碩士論文額外論證，讓更真實的歷史還原，在此特別感謝恩師，讓一個華人歷史學者看到國際政治在中國領域博弈的內心思路。

　　另外，格外要致謝的彭向陽博士嚴格校正和從讀者閱讀時可能不清楚的歷史洪流漩渦。還有Rain Shan、Joyce Chen、Suki Hsu、Xia Shi等重複糾正和提出寶貴意見。特別感謝秀威出版社主編洪聖翔先生細心校對和團隊的封面設計。

永遠要感謝的是我的父母徐思賢將軍和江曼玲女士，在我讀書生涯時給我的支持和關愛，沒有他們就沒有我和這本書完成的動力。

徐永泰

走岔的西伯利亞鐵路
《中俄密約》與國際政治博弈
1896-1970 on

感謝辭   2

前言：一條鐵路改寫東亞歷史的岔路   8

第一章 清末外交的迷宮：誰在掌控大局？   15
1. 朝廷的權力棋局：組織架構與幕後操盤手   16
2. 總理衙門與軍機處：清朝的「中南海」   18
3. 皇帝與大臣：龍椅背後的影響力   21
4. 李鴻章舉足輕重：左右逢源的政治高手   22

第二章 中俄結盟：誤判還是必然？   27
1. 從友好到交鋒：中俄外交關係的變奏曲   28
2. 甲午戰敗後的中國：找靠山還是找麻煩？   32
3. 輿論風向轉變：誰在推波助瀾？   33
4. 俄國靠得住嗎？中國人的觀感與迷思   35
5. 列強登場：英、法、德為何不在選項中？   36
6. 反對聲浪：結盟的隱憂與對立聲音   38

第三章 鐵路夢：中國的現代化之路   43
1. 從無到有：鐵路發展時間軸   44
2. 兵家必爭之路：鐵路與軍事   46

3. 工商繁榮的引擎:鐵路與經濟騰飛	47
4. 鐵路建築資金從哪來:籌款的曲折過程	49
5. 山高水長:技術挑戰與地理難題	53
6. 李鴻章:中國鐵路之父還是外資代理人?	55

第四章　東清－中東鐵路的誕生:列強角力的戰場　61

1. 利益交織:西方列強的中國鐵路野心	62
2. 跨越歐亞的大動脈:俄國的大西伯利亞鐵路	64
3. 國內輿論大碰撞:東清鐵路在中國的反應	68
4. 從桌上到路上:中俄鐵路的幕後交易	71

第五章　李鴻章出使歐美:密約的華麗序曲　75

1. 肩負重任:李鴻章的任命與出使之旅	76
2. 幕後操盤手:俄國代表維德的祕密檔案	79
3. 暗流湧動:中俄同盟與鐵路談判的內幕	84
4. 舉棋不定:李鴻章離俄後的策略轉折	92
5. 模糊遊戲:李鴻章曖昧行動的解讀	97
6. 出使評價:偉大的外交家還是失策的棋手?	100

第六章　一條鐵路,四國命運:東清鐵路改寫東亞格局
**　　　　(1896-1970)　103**

1. 走岔的鐵路:大西伯利亞鐵路改道的歷史巨變	104
2. 沙俄夢碎:日俄戰爭與帝國崩潰的前奏	112
3. 列強角力:沙俄革命、日本併吞朝鮮與中國內戰	128

4. 亞洲烽火揭幕：日本借中東／南滿鐵路點燃戰爭　　140
5. 滿洲國的黑暗統治：鐵路建設與殖民掠奪　　153
6. 南京大屠殺與731部隊：日軍暴行的血證　　155
7. 鐵路與帝國棋局博弈：貝加爾湖線與外蒙古命運的蘇聯算計　　160
8. 冷戰暗影浮現：東清（中東）鐵路在中蘇對抗中的轉折點　　170

第七章　東清（中東）鐵路所有權的博弈：帝國夢碎　　173
1. 易名易主：權益轉手的背後交易　　174
2. 蘇聯出售中東鐵路：利益算計與國際角力　　175
3. 《雅爾達密約》：鐵路命運的歷史轉折點　　181
4. 蘇聯巧取豪奪：吞食東北日本資產　　185
5. 雙面外交：外蒙古獨立與中長鐵路的對價交換　　188

第八章　結論：一條鐵路改變四國百年格局　　193
1. 滿清漢化的遺憾：被遺忘的東北　　197
2. 以夷制夷的陷阱：百年亂世的根源　　201
3. 俄國的殖民主義：南柯一夢　　205
4. 日本好高騖遠驕兵必敗：南滿鐵路與帝國敗亡　　207
5. 鋼鐵脊樑上的帝國角逐博弈　　211
6. 歷史的警鐘：自主自強　　213
7. 鐵路真正使命：通往世界繁榮，而非引爆戰火　　215

作者徐永泰博士簡介　　217

註解（Endnotes） **219**

參考資料及分類 **236**
I. Primary Manuscript Sources 主要文獻 236
II. Printed Sources 主要參考資料 237
III. Special Studies and Secondary Authorities：
特別研究及輔助資料 241

附件A 《中俄密約》（1896年6月3日） **244**
附件B 《中東鐵路公司合同章程》（1896年9月8日） **246**
附件C 1861-1960西伯利亞
—中東鐵路主要歷史大事年表的表格版本： **250**

前言：一條鐵路改寫東亞歷史的岔路

　　本書探討中國清朝和俄國在1896年6月3日祕密簽訂《防禦同盟條約》，和爾後如何影響亞洲和歐洲的國際政治格局。這是當時中俄政府之間的極機密協定，也稱作《中俄密約》。它的兩個目的：中俄共同防禦日本同盟，和修築西伯利亞遠東支線，一條貫穿中國東北的鐵路支線，中方稱之為東清鐵路，俄方稱中東鐵路，之後又建造從哈爾濱到大連、旅順的支線，又叫做南滿鐵路，兩條在中國東北的西伯利亞支線形成一個「丁」字。

　　本書探討兩國訂立這個條約的隱藏的外交政策思維和經濟發展的意識，並審視雙方原先期待和最後失望的對比。從兩方面著手：一，決策組織上的探討；二，理念上的探討。為方便讀者，列出從1861年到1898年期間涉及中俄在鐵路和國防外交政策上重大事件年表參照。1861年前後發生的演變顯得很重要，1898年至1960年的近代史學，研究著作相當豐富。我則取近代歷史大事件的對照分析，如中日甲午戰爭、日俄戰爭、韓國被併吞、沙俄的革命、中國的革命、日本的崛起和侵華、中國捲入二次世界大戰、日本投降、中國內戰、蘇聯再一次伸手進入中國東北和朝鮮戰爭，一直到戰後太平洋的新布局等，都與當初西伯利亞鐵路的這條支線息息相關。

　　橫貫俄羅斯東西的大西伯利亞鐵路，長達5,771英里（9,288公里），1891年開始修建，耗時二十五年（1916）初具雛形，從

俄羅斯西邊聖彼得堡到東邊的海參崴（俄文：Владивосток，中文意為征服東方）。其中一段分支經過中國東北的哈爾濱，直達大連和旅順，東段則直通海參崴。西伯利亞鐵路是全世界最長的鐵路路線，沿途還有最豐富的礦產資源。它是對俄羅斯後勤的大動脈，在二次世界大戰時延長了蘇聯與德國納粹的戰線。德國納粹政府為了要防止東部蘇聯的軍事威脅，將自己十分之九的軍力放在東區對付蘇聯。德軍巴布洛沙行動大肆進攻蘇聯時，俄國果斷向東撤退，利用西伯利亞廣大的腹地空間，換取了反攻時間，利用西伯利亞鐵路的運輸，修建軍工廠和武器、醫療、食物的供應鏈。希特勒東邊失算，西邊又因沒有越過英倫海峽拿下英國，戰事深陷泥潭，左右兩難。1945年西方盟軍從諾曼第登陸反攻，德國納粹背腹受敵，蘇聯和盟軍分東西兩面攻入柏林，德國投降。西伯利亞鐵路在戰爭中扮演舉足輕重的角色，有關這一段歷史，除了蘇聯和後來的俄羅斯報導之外，西方的資料很少，甚至不被重視。

　　建築西伯利亞的鐵路東清（中東）支線（1903），事實上比西伯利亞直接到海參崴的主要線（1916）要早完成。俄羅斯修建西伯利亞鐵路的時代，正值俄羅斯歷史十九世紀中下旬，她一方面要跟上經濟快速成長的歐洲，加入殖民主義的擴張行列，應付國內工農階層對世襲貴族王室的抗爭和起義。發掘廣大西伯利亞的資源，與日益強大的日本競爭，是時不我與的國防、外交和經濟政策。回顧1904-1905年日俄戰爭，俄羅斯迎來未預知的潰敗，偌大的俄羅斯帝國，竟輸給亞洲一個日本島國，造成俄羅斯人民對羅曼諾夫王朝的無能失望。1917年列寧（1870-1924）領導的布爾什維克黨（俄語

多數黨）革命，迫使俄羅斯匆忙退出1914年才介入的第一次世界大戰，不久三百餘年的羅曼諾夫沙俄王朝被推翻。

列寧去世後，在俄共強人史達林（1878-1953）獨裁領導下，蘇聯快速發展，二次世界大戰，西伯利亞鐵路的作用發揮出來，在與德國納粹的對抗中，鐵路疏通了俄羅斯的後援，在亞洲列強博弈中展現出新的斯拉夫人的影響力，與強勢日本叫板。與日本在亞洲的第二次交手，慘敗的是日本，蘇聯報了1904-1905年日俄戰爭之仇，然而亞洲的國際政治競爭又剛開始。

1896年至1905年期間鐵路的基本工程是俄羅斯從法國人那裡學來的技術（火車車頭發動機），軌道的寬度為1,524mm，與英國法國和其他國家的窄軌寬度（1,435mm）不同。東清鐵路使用中國的材料（鐵軌、木材）和人工，而經費來自俄羅斯，清政府是合夥人，股份向俄方貸款，鐵軌規格也被迫使用俄國制寬軌，以致後來在中國東北的鐵軌有一段時間（1905-1953）使用雙軌制度，從1953年後，中國才統一了全國的鐵路鐵軌尺寸（1,453mm）。

西伯利亞鐵路經過中國的這一支線，蘇聯稱為西伯利亞亞洲中東線段，中國清朝稱之為東清鐵路。東清鐵路在1898年從哈爾濱延伸到大連、旅順的支線，日俄戰爭後更名為南滿鐵路。1911年滿清政府被推翻，中華民國走向共和，孫中山（1866-1925）的口號「驅除韃虜，恢復中華」，意即將清人趕出關外，日本後來扶植傀儡政府滿洲國，中國內憂外患，無暇兼顧，中國東北的政治地位瞬間變成漢人力不從心的境外之地。1931年日本大量關東軍發動進攻，入侵中國東北，1932年挾持清朝末代皇帝溥儀

（1906-1967），在東北成立滿洲國，與中國政治上隔離，掠奪資源送回日本支撐其軍事擴充，和補給糧食需求，同時利用東北作為進一步入侵中國內陸的跳板。

清政府在十九世紀末期制定外交政策時，非常膠著。1894-1895年的中日渤海灣戰爭（甲午年的戰爭，中國稱之為甲午之戰），清政府失敗，賠款割地，國際地位跌到谷底，前三十年英法在中國內陸的巧取豪奪，也不及日本的一次性賠款和割讓台灣來得嚴重，中國正處於全面性崩盤，清朝政府面對當時的窘況完全失去希望，看不到曙光。

這一條東清鐵路（以及後來的中東鐵路和南滿鐵路）支線，就是牽動俄羅斯（後蘇聯）、清朝（後中華民國、中華人民共和國）、朝鮮（韓國）、軍國殖民主義日本的一條大動脈。實體政治和外交的互動上，像身體血管內血液細胞的交互作用，發展成這些國家和地緣上的血栓，病態百出，後患不停。

一般人認為外交政策的形成是由當時的清廷政府所制定，並不受內政的影響，但這個《中俄密約》在國防、外交和內政政策上，都綜合不同組織部門工作內容和性質做出策畫和決定。一方面，政府希望透過協調不同組織的結構，在政策制定的過程中，發揮制衡作用。另一方面，國防、外交政策的形成，也受制於非機構性的各種因素。一般研究晚清的中國外交政策，傾向於檢討政治機構，由於缺乏資料，難於掌握政策制定過程的細節。僅從執行力方向研究，有高估機構作用的可能性。任何國防、外交政策的制定，都是組織和實際觀念上兩種力量相互作用產生的結果。

此書中所用的中國、清廷政府、大清政府、漢化的清朝政

府，簽約是大清帝國，簽約人是漢人和沙俄代表，背書是清廷皇帝，條約簽訂雖在聖彼得堡，執行地點在中國的領土上，後續發生的事件都在中國，在此不再強調中國和清朝的區分，在對外關係上：清朝與中國廣義上畫等號。

本書第一章介紹清朝政府組織和職掌任務，或被授權處理外交事務，或在外交政策制定過程上負有監管責任。關於清朝行政系統，許多歷史學家做過廣泛深入研究，影響最大、最有權威的政府單位集中在：總理衙門、軍機處、內閣大學士、皇帝和政府特別信任的官員李鴻章（1823-1901）。

李鴻章在1896年10月以前，名義上並無管理外交事務，也不是總理衙門大臣，但他在這一方面卻享有高度的權力代表性，和瞭解清朝皇室內幕的能力，看來好像是一種獨立外交「機構」。在1871年到1901年的三十年間，李氏的能力，一直被滿清政府認為是處理重大外交事件最主要的談判人。由純行政邏輯來看，簽訂1896年密約所做的一切審議和談判，到底和清廷政府組織作用會偏離多遠？這些行動曲折離奇的發展非常複雜。分析李氏在中國外交政策方面的建議和付出，必須瞭解他在官方組織體制外扮演的決策角色和實際運作的過程。

第二章討論中國對俄國的關係，和中國的鐵路政策，這兩個議題在時間和外界環境上有密切的關聯。第二章討論中國剛經過甲午戰爭後的困境，引起中國官員間談論與俄國結盟可能性，政府官員和精英智囊團階層間意見的衝突，及如何形成滿清政府內「立論想法」（narrative）。

第三章追溯橫貫西伯利亞和支線東清滿洲鐵路的規劃起源，

和整個中國鐵路發展的背景,特別是中國對鐵路修築權的堅持以及中國鐵路交通計畫,也特別探討李鴻章在鐵路建築發展的參與和經驗。

第四章同時討論俄國橫貫大西伯利亞鐵路東段支線路線的選擇,說明俄國西伯利亞鐵路橫越中國的領土的訴求和動機。這影響了中國後來與俄國交往中對於俄國的態度,綜合解釋中俄鐵路的連線和外交政策形成的相互關係。

第五章檢視李鴻章出使的世界旅程,及中俄祕密盟約的形成過程,這包括他在1896年在俄國和歐洲的重要細節。李氏和沙俄政府的代表財相維德(Sergey Yulyevich Witte, 1849-1915)簽訂同盟條約,是在極祕密的情況下進行的,這在清廷外交關係史上從無先例。李鴻章是負有這個使命的主要靈魂人物,日後李氏也從未因為這一個帶來負面結果的條約受到處罰,甚至在1900年八國聯軍進入北京後的爛攤子,也由李氏出任負責。李氏個人外交觀點頗受政府的重視,但他被指控私德不佳,因而簽下這一個有爭議性的外交條約,也在研討批判之中。

第六章探討東清鐵路造成後對俄、中、日、韓四國關係之影響。檢視這個條約簽訂後的發展,包括鐵路的修建過程,設立鐵路公司經費和財務,俄方如何利用鐵路公司進行殖民主義,掠奪資源。日本對這一條鐵路的快速發展感到如芒在背,對中國東北同樣垂涎,無法坐視不管,1904-1905年的日俄戰爭留下了嚴重的後遺症。沙俄之後的革命,日本併吞朝鮮,奪取東清(中東鐵路的南滿支線,進入大連灣。日本從此派遣關東軍接替俄國作為中國東北的掠奪主角,惡行惡狀,罔顧仁義,草菅人命。爾後蘇聯

如何以壓迫中國利益與日本妥協，和外蒙古的獨立和保護貝加爾湖的國防安全。《中俄密約》的非常性質和內容符合原來中俄雙方精心細緻的規劃，結局卻適得其反，雙方都受其害，日本牽涉其中，造成烽火連綿，進入中國領域，製造戰爭，禍害人民，朝鮮與外蒙古紛紛脫離中國，山河變色。

　　第七章敘述東清鐵路的發展，出售轉手改名，日本從東清鐵路基礎上加建南滿鐵路，併吞中東鐵路，日本占領中國東北後建立偽滿洲國後再改名為南滿鐵路，二戰結束後，蘇聯進軍中國東北，收回鐵路又改名為中長鐵路，數次轉手，每次都種埋下一個政治和戰爭衝突的因果。大戰前英、美、蘇聯作戰後政治分贓，犧牲中國利益，影響東北、朝鮮、蒙古等區域，重新劃分勢力，為難的中國政府如何在戰後與蘇聯妥協，換出了外蒙古的獨立。

　　第八章結論，一條「走岔」的東清（中東）鐵路改變了四國：中國、俄國、日本和朝鮮（韓國）的百年政治格局，帶來極端負面的影響，證明它是遠東國際政治衝突的基因，未得其利，先受其害。筆者提出了最終七個論點，以史為鏡，鑑往知來。

第一章

清末外交的迷宮：誰在掌控大局？

1. 朝廷的權力棋局：組織架構與幕後操盤手

為瞭解清末時期朝廷外交政策的形成，我們必須問以下問題：是否有一個類似西方各國外交部的特別機構，管理有關外交事務？是何機構？由誰負責？他們決策的正常程序是什麼？在清朝的專制制度下，他們能否獨立執行決策？

第一個問題的答案是肯定的，總理（各國事務）衙門（照字義說是總管外國事務的辦公室），在1861年正式批准成立，作為處理外事的中央機構。因此總理衙門又稱總署。它的組織和職掌如下：1861年成立總理衙門代替長久以來管理外國人士和對外關係重疊的官僚機構，使其單一集中化，應付日益加增的國際事務。它反映出晚清面對國際問題的人力不足，和每況愈下的國勢。

總理衙門基本上是由皇室的成員組成，類似英國的上院組織，通常是有血緣關係的親王、大臣和通過嚴謹考試的大學士們。各親王由皇帝親自任命，總理衙門自1861年成立到1901年改組為外務部止，被任命的各親王有恭親王奕訢（生卒年1833-1898，1861-1884在任）、慶親王奕劻（生卒年1838-1817，1884-1901在任）、恭親王奕訢重任（1894-1898）和端親王載漪（1900-1901）。親王之下，則由各高級官員組成的大臣們，其中包括軍機大臣、大學士、六部（吏、戶、禮、兵、刑、工）尚書或左右侍郎以及理藩院大臣和都察院左都御史等。指派的大臣人數並不固定。總理衙門主政的四十年間，大臣人數約十人左右。親王和大臣們乃是這個機構的主要控權者，其次則是各位行政大學士，他們由各主要政府單位，如軍機處和六部中調來，人數超

過數十人，或做咨詢和特殊任務的安排。

總理衙門中的各位成員，都被授予執行任務的最高職權，但事實上，他們無法完全獨立執行任何任務，始終缺乏從上到下的行政效率。據哈佛大學歷史學家孟氏（Meng）[1]《總理衙門》一書中指出，總理衙門除遭受外事的各種困難以外，還有其他原因。這個組織的脆弱，它的繁複表面職責，包括國際貿易、海關、外交使團問題、涉外司法案件、學習西方教育、海岸防衛、西式訓練陸海軍、採用西方技術等。它的存在和原來其他政府機構的職掌產生重疊。大多數被派到總理衙門工作的大臣和大學士，還繼續保留原有職位。有些大臣則兼任軍機大臣、大學士或任六部的尚書和侍郎。他們負有複雜業務，遑論他們在國家積弱時期缺乏意願，面對帝國主義咄咄逼人的各種要求，任何決定都吃力不討好。他們在總理衙門工作時被安排的職責是不能和原單位職責互相衝突的，為了保持職責平衡，內耗不停。

第二個原因，是權力受限。雖然總理衙門當時在名義上是外交單位，但又不是在這方面唯一的對外機構，因為沿海地區的總督也不停地面對外國商團，總理衙門卻沒有分支單位，它無法得到所有訊息。1861年成立時，皇帝下詔：所有重大事件，均應上奏皇帝，次要的有關事件，應由軍機處備妥副本抄而後呈送總理衙門[2]。如有不同意見，不得同時上奏，所有的意見，必須在上奏前統一。因之，當總理衙門各大臣在審議和磋商期間，不乏隱瞞真相，或相互推諉的情形。

屬於總理衙門下的南北洋通商大臣也參與中國外交事務的處理，這些地方掌權官員，早在總理衙門成立前，便密集處理外

交商業事務,在利害衝突事件中做仲裁和協調工作,和轉達中央政府有關外國的訊息,監控通商港口對外貿易。總理衙門成立以後,他們並未停止這些活動,只有在被上級質詢時才彙報。由於總理衙門在職權上並未明確劃定界限,以致它和各大都市、省政當局常有立場不同的情況。事實上,總理衙門當時成立時像是即興之作,功能有時像是皇帝的文書機構:批閱奏章,起草詔令,總理衙門在很多情形下,全視各親王的個人聲望而定。

2. 總理衙門與軍機處:清朝的「中南海」

十七世紀前半葉,滿族入關征服漢族時,承襲明代遺留的許多典章和制度,在中央政府的行政結構上,則加以改革,以期對屬下政府和一般人民發揮更嚴格的控制。明朝皇帝原有的審議團體,就是九鄉科道會議,由六部(吏、戶、禮、兵、刑、工)首長及大理寺、都察院、六科等單位首長組成。滿清政府為了發展和強化這個組織,以自己的議政王大臣會議輔助成立軍機處。軍機處是皇帝對一般事務,先提供不同的政策,推薦政府各職位的人選,以及有關官階和考試的內政規章。軍機處的功能,則是審議有關軍務之事。有時兩個單位也進行聯席會議[3]。滿清政府另一個仿照明末體制和保留下來的單位,就是內閣。在康熙(1654-1722)皇帝治下,內閣成員招募具有參加殿試得到進士(狀元)資格,推薦至內閣,內閣大學士的名額並不固定,一般是四人,兩漢人,兩滿人。

另有協辦大學士兩位,一滿一漢。康熙時代早期,他們的工作是接受由中央和地方機構呈上的奏疏,重行節錄刪寫,上奏皇

帝,以做裁決[4]。內閣不是一個審議團體,而是便利皇帝和僚屬之間互通訊息的顧問和文檔祕書。但在幫助皇帝處理堆積如山的條陳事務方面,他們簽注已經批准的條陳。皇帝偶爾准許他們對於已做決定的案子,再提出可能改正的意見。內閣能取得皇帝的信任,成為一種咨詢單位。在康熙朝代中葉,行政結構在許多方面尚未健全。首先,就國事的機密性來說,由內閣檢分各種條陳的程序,就有洩露機密的危險。其次,龐大的組織失去效率;在審議重要事件時,個人關係拉幫結派,加上繁複的程序,常常影響決策。雖然皇帝可以下詔各位御史,指定高級官員或安排皇帝出巡查訪真相,但所有這些管道,仍有執行上的限制[5]。

當一則新訊息情報上達皇帝的溝通系統,官員們可以把他們認為對國家有利之事務的情報,以「請安摺」(一種祝福用的奏摺)的方式,直接上奏皇帝[6]。這種上奏的方式,經過採用以後,康熙皇帝發現這是得到額外情報的管道,訊息還具有隱祕性。它有另外兩種功用:在朝廷中作為鎮壓的政治力量,和檢察僚屬的通信官箴。1722年康熙皇帝下詔所有官員都採用這種方式,也就是在請安摺裡可呈上額外訊息。

康熙的繼承人雍正(1678-1735)朝時,這種溝通管道開始質變。由於在康熙的十四個子嗣間,為繼承王位權力互相傾軋,醞釀各種陰謀,原有的審議團體呈上的奏摺,不再受到信任。起初他任命四位親王和高級官員組成的小團體管理國事,不久又因為不信任而予以解散。皇帝因為很難對付那些蜂擁而至的額外訊息,就增設大學士幫忙,做分析的工作。

1730年代末期,為了不將訊息轉給現有的審議團體,雍正皇

帝任命了一位親王和兩位大學士成立一個特別單位來處理，而且也和各省地方當局直接接觸，兼管當時中國西北動亂。這個單位幾經改變後稱為「軍機處」，視為清政府最高決策和諮詢組織。

軍機處的成員，主要來自皇族家庭、內閣大學士和由皇帝欽點的高級官員。軍機大臣的人數不定，核心人物由皇帝決定，通常五到六人。軍機大臣們起初並無一般大學士所享有的高度榮譽，但是他們與皇帝的姻親關係奠定了政治地位。他們常在皇帝面前商討重要大事，也貢獻決策意見，對國內外大事加以審議，辯論和推薦國內外政策。如果皇帝沒有異議則諭詔[7]。雍正朝成立的軍機處在清朝組織結構上不像常設，但它一直存在到清朝的末年。

如前所述，當總理衙門（以下稱總署）最初成立時，有些軍機大臣[8]，業已兼任各部管部大臣，恭親王奕訢為使軍機處具有處理外國事務的功能，曾上奏皇帝任命所有的軍機大臣即為總署的總理大臣，這個要求當時並未蒙批准[9]。但在以後的1862年到1884年期間，五位中的三至四位軍機大臣，都兼任總署的總理大臣，總署中的人員幾乎和軍機處裡人員相同。但自1884年後，只有少數軍機大臣（五六位中的兩位）得到總署中的職位。他們的建議往往影響這個時期中國外交政策。如果大多數軍機大臣都參與外交事務，他們在制定決策上，比那些非軍機大臣的總署總理大臣們更有份量。在這種情形下，掛名的總署似乎是附屬於軍機處的顧問委員會，軍機大臣對於外交事務的經驗和熟稔，會左右那些在總署內的其他大臣們。

滿清政府在十九世紀後半期的外交關係，總是處在對付帝國主義的要挾，遭受極大的變化，自然影響到負責國內事務官員們

的辦事程序和功能，尤其在處理國內關稅保護和發展交通與國防外交政策時。

3. 皇帝與大臣：龍椅背後的影響力

清朝的專制軍權，延續自明朝。神權世襲號稱天子，地位凌架於全國人之上。絕對權力在政策磋商上，有絕對最後的決定權。在實際的操作上，皇帝必須顯出親民愛民形象，一個特別的政權會被認為專橫霸道，明朝的下場就是活生生的例子。皇帝的個性、品德、知識程度和態度等，往往決定這一時代統治權力的分配，運用得當，在其周圍的統治精英，則能發揮其專業，維繫朝代的生存。

《中俄密約》的簽訂前後發生在滿清光緒（生卒年1875-1908）皇帝年代（1987-1908）。一般認為他是好學、聰慧而風雅，他的個性則普遍被認為懦弱易妥協。他一生未能脫離他的皇養母慈禧（1835-1908）太后（又稱皇太后）的控制[10]。可能唯一的例外，是在1898年改革運動中，在多方面意見和慈禧太后衝突，但他從未能否決太后的任何決定。在討論國家大事時，他的意見不起作用。光緒皇帝年幼時，慈禧太后兩段時期攝政：第一次是他剛正式繼位的1875年至1889年結婚時止；第二期是1898年改革運動到1908年慈禧過世。在這兩個時期，慈禧曾放棄名義上的攝政，在光緒成年後仍在對他間接控制，所謂的「垂簾聽政」。在布蘭德（J. O. P. Bland, 1863-1945）與巴克豪斯（E. Backhouse, 1873-1944）合著的《皇太后治下的中國》一書中，曾對慈禧太后的生活和個性有詳盡的闡釋[11]，野心、猜忌、貪婪和

虛矯都是她的複雜個性，她有最高權力指派或否決政府官員的意見。在一般情形下，當她認為有能力應付某種情況時，她會堅持己見。當她認為自己的能力不足以解決問題時，或是當事件過於重大時，她偶爾接受諫言，國家政策決定權的影響力尚未達到完全專斷獨行的地步。

滿清政府制定國防外交政策基本是：總署、軍機處和皇帝本人。總署是名義上的外交辦公室，但它和軍機處、皇族和太后的關係，使它無法發揮完全獨立自主的權力。由於同一原因，軍機大臣們占據著總署中職位的事實，在1896年，就是本研究的時期，六位軍機大臣中就有三位兼任總署的總理大臣[12]。他們在政策制定過程中有著雙重身分，其重要性不言而喻。光緒皇帝和他的幕後操縱者慈禧太后，在很多重大國防、外交事務上，因對問題的背景不熟，無能力干涉總署。很少的情形下，他們會嚴峻地干涉。

4. 李鴻章舉足輕重：左右逢源的政治高手

十九世紀末期的三十年中，李鴻章享受著最高特權並獲得皇室的信任。李氏生於1823年2月15日，安徽省合肥人，幼時勤奮好學，二十幾歲時通過省級的舉人考試成為進士。作為服務清政府的漢人，他個性謹小慎微，行事戰戰兢兢。後來又被選為翰林院的名譽學士，1853年顯露頭角，參與國事，旋又派回組織團練，協助平定國內太平天國內亂。傑出的成績，獲上司曾國藩（1811-1872）極力提拔，1865年便升任總督職務。李氏曾與清政府雇用美籍傭兵領袖華飛烈（Frederick Townsend Ward, 1831-

1862）、白齊文（H. A. Burgevine, 1836-1865）和英人查理・戈登（C. G. Gordon, 1833-1885）等外國軍事顧問合作與太平軍作戰，有廣泛接觸。政府命令他在安徽家鄉招募地方武力剿捻，後來成形淮軍[13]。叛亂敉平以後，李氏的軍事活動並未停止，1866年清廷派李氏為欽差大臣對付太平天國。由於他再次建功，1869年3月1日於武昌就任兩江（湖南、湖北）總督。第二年又正式受命直隸（今河北）總督，任職天津，保護北京首都，這是全國最高省級保安職位。外交使館都在北京，他和許多西方使節建立了關係，代替清朝名將曾國藩，初露身段[14]。他又和法國使節聯手處理傳教士被殺案件，快速解決，聲望持續升高[15]。

他在天津任職時（1870-1895），兼任北洋通商大臣（商）、內閣大學士（內政）（1872）、海軍衙門會辦（軍）（1885），商政軍兼任，使他成為皇室中獲得勳章最多的漢族人。他擔任直隸總督的二十五年間，對滿清政府表現出色。雖有大臣捏造他有反叛皇帝的野心和企圖[16]，英國公使委妥瑪（Thomas Francis Wade,1818-1895）及德國公使巴蘭德（Herr Von Brandt, 1835-1920）曾煽動他發動政變進軍北京，挾持皇帝[17]，李氏對皇室的效忠直接打臉謠言者，慈禧太后反而對他幾乎言聽計從。

1870年，李氏因被任命為直隸總督兼任北洋通商大臣招來總署的嫉妒[18]。在伊斯曼（Lloyd E. Eastman, 1929-1993）所著的《皇帝和漢人》一書中說，其他官員多少逃避外交事務，認為和外國人打交道吃力不討好。主持總署的總理大臣恭親王奕訢，經常私事纏身，不在總署，一切對外事務自然便推到通商大臣李氏的身上，由他來處理疑難雜症[19]。而李氏對於洋務，不輕視也不

躲避，以積極態度來面對任何爭端。

　　1884年總署調整人事，新任大臣們不諳熟外交事務，把洋務直接交與李氏。1880年至1885年，中法兩國在安南的長期衝突中，主張和法國決戰的官員對他的懷柔政策並不支持，然此事件以沒有再擴大而結束[20]。

　　日本自1870年西化改革起，認為擴張到朝鮮是日本必須要走的策略，但朝鮮為中國附屬國已久，一直維持密切關係，清廷政府鼓勵朝鮮政府和歐洲列強發展外交關係，均衡帝國勢，共同抵抗日本「以毒攻毒」[21]。當和日本交涉期，他盡量避免與日本直接衝突，他得到總署許可派遣商業和軍事顧問，提供朝鮮軍隊一些裝備和武器[22]。日本已決心入侵中國，奪取朝鮮只是過渡策略。戶部主事大臣翁同龢（1830-1904）、禮部主事李鴻藻（1820-1897，與李鴻章沒有親戚關係），以及一些大學士都主張以強硬手段對付日本[23]。青年光緒皇帝認為李氏的政策過於軟弱，而加以責難[24]。

　　在日本的操縱下引起朝鮮內亂，1885年李氏和日本全權代表伊藤博文（1841-1909）的談判，未得到預期的效果。後發覺俄國和英國業已插手朝鮮內政，局勢變得更為複雜，李氏曾計畫把英俄引出中國的利益範圍。李氏辯稱，對策就是《孫子兵法》中的「不戰而屈人」[25]。1894甲午戰爭爆發前，他呼籲英使奧康諾（N. R. O'Connor, 1843-1908）和俄國公使喀希尼（A. P. Cassini, 1835-1919），譴責日本在朝鮮用兵[26]。

　　清朝1894-1895年對日戰爭的失敗引起損失巨大，李氏威信受害極大。他被責難用兵效率低，和缺乏積極性。中日戰爭前一年

（1893）慈禧太后才賞賜的「三眼花翎」和「黃袍馬褂」榮譽官銜被褫奪，形同直接羞辱[27]。1895年4月，他代表清政府簽署殘酷無情的《中日馬關條約》，賠款割地，他的直隸總督職位被王文韶（1830-1908）接替[28]，政治生涯似已結束。李氏雖仍保有內閣大學士名義，但已經沒有實權，灰心喪志，已經準備告老還鄉，韜光養晦，不再過問政事。

　　戰後內憂外患之際，清政府仍須另覓合適人選。1895年底，李氏被總署重新委以任務。在龐大的官僚體系下，清廷外交政策的核心逐步形成，尤其關乎對俄關係與態度。

　　中日戰爭（1894-1895）慘敗後清廷外交環境氛圍異常常沉重：今後政策絕對不可閉門造車，而且必須有所突破，官員必須傾聽新意見，修正傳統看法，使國家外交和內政得以平衡，清廷政府迫切需要一個嶄新的整體政策，浴火重生。李氏在1896年和俄國財相維德在莫斯科簽約涉及這個意義重大之目標：中俄同盟和國內修築與俄國連接的鐵路。從清朝的末期1870年開始，李氏幾乎簽署了所有清朝對外條約，連續割地賠款或讓渡利益。但他忍辱負重，背負罵名，匡濟艱難，揖和中外。簽完八國聯軍最沉重的《辛丑條約》後，他在1901年死於任上，然唯獨1896年的密約簽訂，在他死後仍巨大地影響亞洲的國際政治近一百年。

走岔的西伯利亞鐵路
──《中俄密約》與國際政治博弈 1896-1970 on

第二章

中俄結盟：誤判還是必然？

過去研究這一時期的歷史學家做出這樣的論點：1896年中俄兩國簽訂的同盟條約之代表在俄方是財相維德和沙皇尼古拉二世（1868-1918），中方是李鴻章和慈禧太后，「私人」協議的政策。吳相湘（1912-2007）教授在他所著的《俄帝侵略中國史》中說李氏和帝俄簽約是「私人行為」[29]。中國歷史學家范文瀾（1893-1969）在他的《中國近代史》書中直指李鴻章基本上是帝俄同路人，李氏當負責此一條約的所有負面後果[30]。這種觀點太過簡化，過分強調俄國單方面的企圖，渲染李氏受到慈禧的影響，和他扮演的個人角色，完全忽視了當時其他中國官員之言論基礎和影響總署決策的歷程和背景。必須從中國對俄國態度做總體性分析，俾能瞭解李鴻章的行為是否真的成為促進這個密約的個人行為，還是清政府整體決策。

　　李氏雖在極機密的情形下，處理1896年密約的任務，但他是否做了超出他職權之外的決策，則有必要進入研究1896年密約之前的中俄關係。

1. 從友好到交鋒：中俄外交關係的變奏曲

　　十九世紀末西方帝國主義分子在中國相互侵奪幾成瘋狂狀態，遠東國際局勢波譎雲詭。亞洲的日本明治維新改革後迅速西化，工業極速發展，國內的鋼鐵需求龐大，對鄰近中國豐富的礦物資源垂涎窺視，蠢蠢欲動。另一方面，中國在面對殖民主義的入侵，和對付帝國主義國家與日俱增的挑戰力不從心。中日關係惡化源於對朝鮮的關係，朝鮮與中國領土鄰近，文化上與中國接近，使用漢字，宗教上選擇佛教，共尊孔子儒家，一直是中國的

保護國。日本把朝鮮視為入侵中國東北的過渡橋樑，亟欲取代中國在朝鮮的宗主國地位。這導致了最終的1894-1895中日甲午戰爭，中國敗後簽訂的《馬關條約》，割地賠款，舉國蒙受從未有過的恥辱，朝鮮也擺脫了清朝，在日本政府的重新規劃下成了日本的新殖民地。日本在戰後要求中國割讓遼東半島、台灣和澎湖列島，並索取賠款二億兩白銀等，這是十九世紀前中國對外歷史上最大的挫折，也給中國財政帶來毀滅性的破產。

對日戰爭暴露滿清政府軍事方面的落差，其他列強看到滿清朝廷的弱勢，落井下石，趁機向中國提出更多不公平、不合理的要求。戰敗的影響普遍改變了中國人的思想。戰爭以前曾經呼籲改革、要向歐洲和日本先進國家學習的改革派精英分子，更激烈地提出變法修制。民間的抗外行為時時發生，革命分子頻頻製造事件。激進分子呼籲皇帝繼續和日本作戰，廢除《馬關條約》。雖然滿清政府厭惡日本瘋狂索取，但是潰敗的軍隊已經無力整頓，各種資源嚴重缺乏，無法再戰，加上英、法、德帝國殖民主義國家不斷挑釁強求，滿清政府疲於和他們進行錯綜複雜的談判。有關重要政策意見紛紛，「以夷制夷」是一般被認為解決當前危機的辦法之一。

帝俄和中國地緣上廣闊鄰界衝突可以追溯到十六世紀以前，但真正的正式交往則開始於十七世紀的後半期。這期間俄國的早期移民和哥薩克搶匪，橫行西伯利亞領土和北蒙古，還在太平洋沿岸屯居。滿洲人對於俄國人的出現感到不安，企圖保衛自己的管轄地域。在阿穆爾地區（Amur）邊界，不久便產生中俄衝突。經過一連串的談判，在中俄關係史上的第一章便完成了1689年8

月27日所簽的《尼布楚條約》。

《尼布楚條約》暫時區劃限定爭執的邊界，但雙方都不滿意，貿易的安排和蒙古以北邊界衝突仍待解決。滿洲政府對帝俄在貿易上的很多需索，以及交換使節的事件上表示不悅。但根據中國蒙古單方面與沙俄簽訂的《恰克圖條約》（Treat of Kyakhta，1727年10月27日），滿洲政府放棄阿爾泰上游（Upper Irtysh）和貝加爾湖地區的土地，帝俄仍承認中國對蒙古的宗主權[31]。這個協定明訂若干數目的俄國商隊可以橫越蒙古大漠前往北京經商，允許俄國的外交使節、傳教士和學習語言學生等留駐北京，維持少量化的接觸。

俄國商人便初次大規模地和中國接觸，因之恰克圖代替尼布楚成為主要的中俄貿易中心，幾達一個半世紀之久[32]。北京政府顯然不願見帝俄繼續擴張，便沿著漫長的中俄邊界尋找人煙稀少的天然山區，建立一個緩衝地帶。十八世紀後半期和十九世紀前半期，滿清政府遏制了許多移往蒙古和居留滿洲的關內漢族人民，企圖把純粹的滿洲人和有中國（漢人）血統的人隔開，使此區成為滿洲人的自然保留地。但是，滿清政府開始瞭解到滿洲邊防的保衛，需要依賴當地的人力和物資。在十九世紀的後半期，由於內亂和饑荒，官方修改政策在此地區重新安置漢人[33]。

在十九世紀初期，中俄關係基本維持不變，在整個邊界的貿易上則是微不足道。帝俄政府偶爾派遣使節前往北京商談對俄國商船開放廣州港口之事[34]，中國當局忙於應付英法，對於越過大西洋、印度洋來到亞洲的俄國人興趣不大。

乾隆朝（1735-1796）後，滿清國力便開始下降。整個朝代

中，內憂外患，有增無減。而俄國經過彼得大帝（1672-1725）和女皇凱薩琳二世（1729-1796）的積極改革以及受到西歐的影響，在經濟和軍事上變得更為積極，開始把注意力轉移到極需要開發的中亞細亞和遠東。中俄關係就在邊界問題起了變化，尤其當野心勃勃的穆拉維約夫（Nicholas Muraviev, 1809-1881）在1847年被任為遠東西伯利亞總督之後更明朗。

由於沙皇的全力支持，以及任俄國海軍遠東總司令涅韋爾斯科伊（Gennadi Nevelskoi, 1813-1876）的推波助瀾，穆拉維約夫在1850年代開始在璦琿地區做一連串實地調查，建造兵營和城鎮[35]。雖然帝俄已經違反《尼布楚條約》的規定，中國當局抗議卻無效。

1850年代末期，滿清政府主要注意力為平定太平天國內亂所分散。太平天國給清廷帶來的巨大衝擊，也同時讓其藉助英法的勢力平亂，漢人曾國藩李鴻章左宗棠等受到重用，能夠相繼組湘軍淮軍，與太平軍交戰，收穫很多失地，標志著太平天國民間反對政府運動的失敗。而漢人的被賦予軍事要職，得到肯定，與後來參與更多國際事務的李鴻章都息息相關。

英法聯軍入侵的戰爭外患，對穆拉維約夫在璦琿地區的侵占活動只能消極抗議。清朝駐黑龍江將軍奕山（1790-1878）於1858年和穆拉維約夫簽訂《璦琿條約》，同意將黑龍江以北和烏蘇里江以東的40萬平方公里地由中俄共管，俄國在朝鮮東北角的海岸上有了海參崴作為出海港口。

1858年至1860年，英法傳教士和使節數人在中國遇害，英法聯軍二次進侵北京，燒毀圓明園，與中國簽下《中英北京條

約》、《中法北京條約》[36]，對中國大肆要求、脅迫。總署大臣愛新覺羅・奕訢，不諳國際形勢，竟然要求俄國代表調停。俄國趁火打劫，逼著清廷政府簽訂《中俄北京條約》（1860）因而落實《璦琿條約》原來協議共管黑龍江以北、烏蘇里江以東庫頁島以東土地，包括一年僅結冰三個月的海參崴，從此完全歸於俄國。俄國因而正式取得40萬平方公里的疆域，和新疆之喀什噶爾、伊寧和塔爾巴哈台的貿易權，更進一步進駐伊犁流域。1860年新疆發生回亂，俄國藉口維持邊界上的法律和治安，派兵占領伊犁和四周廣大地區，並設立領事處，直到滿清政府於1881年簽訂《聖彼得堡條約》，賠償占領費用和割讓伊犁以西的土地後，直到爭端解決，中亞細亞的緊張暫時平靜。

1881年至1895年期間，中國忙於應付英法聯軍，其次是應付甲午戰爭後的日本。中國在戰敗後簽訂《馬關條約》，俄國趁機加入英法反對日本占領遼東半島的事件上，扮演調停角色。遼東半島由於靠近北京首府，是滿清政府在簽訂條約中，最不願意割讓的領土[37]。1895年7月俄國代中國向法國接洽貸款四億法郎（相當中國貨幣一億兩），償還日本要求的戰費增加部分，同時要求日本撤出遼東半島。中國四處求助無門，俄國幫助中國做財務擔保，清政府無奈但接受貸款條件。

2. 甲午戰敗後的中國：找靠山還是找麻煩？

1895年中國對日戰爭簽訂《馬關條約》後，面臨困境亟需突破，清政府瞭解自己無法單獨對付日本。之前英法已經兩次入侵中國，如今只要能夠少面對一個敵人就算大幸。清政府對於俄國

釋出新友好善意，覺得可用俄來緩衝日本勢力。某些中國官員的確對俄國「友誼」抱持樂觀態度，他們瞭解俄國不會無條件地幫助中國，卻認為俄國肯拔刀相助，是因為俄國本身也感受到日本的威脅。這個觀點，可以從翰林院大學士張百熙（1847-1907）在1895年5月5日奏摺建議：他說中國應該利用俄國反對日本侵占滿洲事件上與其結合[38]，俄國政府希望保持華北局勢的現狀[39]，才會派遣軍艦前往山東煙台展示武力，在璦琿地區（Amur Region）邊境駐屯軍隊，並駐留直到日本向英、德、法三國的干涉屈服。這種軍事姿態給中國政府一個想法，俄國或許能作為中國抗日的中間盾牌。

　　軍機處致黑龍江恩澤將軍（?-1899）的電報中曾表示了這種觀點：俄國應允幫助中國並不是「空話」[40]。日本在戰後對中國無情壓迫，和俄國的態度形成強烈對比。雖然日本政府對三強干涉低頭，卻對中國毫不讓步[41]，當李鴻章在馬關談判和約期間，日本狂熱分子還企圖刺殺李氏，李氏臉頰中彈存活下來，日本已經贏得戰爭，逼中國派代表赴日談判，但仍得理不饒人，引起了中國的強烈抗議：哪有這種兩國談判刺殺大使的野蠻行為？與俄國尼古拉二世極為禮遇接待中國參加加冕典禮特使王之春（1842-1906）的情況相比，中國官員戴鴻慈（1853-1910）在他奏疏中做結論說：「俄國人和日本人的舉動之間竟有如此大的差別。」[42]

3. 輿論風向轉變：誰在推波助瀾？

　　某些中國官員們都瞭解俄國為日本歸還遼東半島給中國會索取賠償，其實為了她本身的利益，此時把中國和俄國關係轉成

合作,危機變為轉機。兩江總督劉坤一(1830-1902),曾擔任陸軍統帥,他認為俄國幫助中國索回遼東半島完全出於對日本侵華的競爭,他建議:「中國不應失去此刻與俄國建立密切關係的機會。」[43]張之洞(1837-1909)代理兩江總督時,他提出類似觀點,表明俄國主要關切的事,就是英國在遠東占上風,那當然會抑制英國在中國的擴張,呼籲總署應當訓令中國駐俄大使立即開始同俄國商談合作[44]。

建議中俄同盟愈來愈顯得合理,官員們衡量過結盟需要付出代價,但也可以從中獲取利益。在1895年4月26日,湖廣總督張之洞上書建請或割讓新疆邊界的領土,或給俄某些商業權利作為報酬條件,交換俄國軍隊攻擊日本。他的理論是若和中國在《馬關條約》下割讓給日本的土地相比,則給俄國的不過半[45]。這個意見得到翰林院大學士張百熙的贊同,他建議俄國在給日本施壓後,可以得到伊寧和琿春(海參崴對面)土地的使用權以及黑龍江南岸的採礦權[46]。張百熙認為對日賠款兩萬萬兩,與俄結盟所花的費用,無法相比。兩江總督劉坤一甚至贊成把新疆割取一兩個城市給俄國,以防止遼東落入日人之手。他的分析如下:新疆省和遼東半島的重要性是不同的,如果俄國挾其雷霆萬鈞之勢,強占新疆省各城市,我想中國也難予以保持。在此建議將「我們這邊的土地割讓。因之,不但可以和他們建立更好的關係,且也可能由日本取回遼東半島」[47]。

那些提出上述意見的人發現建議以苦肉計割讓國家領土引起了轟然爭議,遂暫時作罷。但李鴻章在日本遇刺後,德、法、美干預,俄國加入調停,日本同意歸還遼東半島。兩個月後,張之

洞在7月間的上書中再次呼籲與俄結盟,但只允許俄國艦隊在中國船塢修理,以交換糧食和物資的補給,可以考慮讓步換取當日本侵略再度入侵時,俄國須提供軍事援助。提出上述政策的人,都把注意力集中在中國東部邊疆。因之,強調他們認為犧牲偏遠和寒冬冰冷地區的北部邊界土地可以接受。因為張之洞、劉坤一都是省級總督,位高言重,他們的看法增加了影響力。

總署決定任何政策之前,這些只是上書意見而已。中國赴俄特使王之春於1895年9月返回北京,他說在他訪俄期間曾受尼古拉二世接待,優渥有加[48]。他的報告影響不小,這可能是第一手的聲音和清政府一直等待的機會,從擔任皇帝私人老師並接近光緒皇帝之翁同龢的日記中可以找到證明。他同時是集軍機大臣、戶部尚書和總署的總理大臣於一身的重要決策人物。王之春由俄國回北京後,拜訪翁同龢的同一天,翁氏在日記中記載:

「今天同王之春有一長談。他曾出使俄國,曾被接待為首席官員,且(和俄國)有過祕密商談,我們何堪喪失此一良機?」[49]

此刻清廷尋求與俄國結盟的意圖和六個月前截然不同。由於日本仍占領遼東半島,軍機處感到不安,乃訓令駐俄大使許景澄(1845-1900)尋求與俄結盟可能性。條件是如果俄國能把她的艦隊派遣到遼東灣並遏止日本的武力,便可予某種割地的報酬[50]。

4. 俄國靠得住嗎?中國人的觀感與迷思

中國人眼中,俄國是一個歐亞國強權,她有廣闊的領土和充沛的資源。在最近干涉日本行動中秀出態度,中國人相信俄國確有「精良部隊」[51]。中國不少官員相信日本在亞洲的軍事力量,

無法超越俄國[52]。滿清政府知道俄國最近曾為中國借到貸款，雖只是協助中國的臨時操作，不相信俄國提供金錢援助而不要求任何回報。中方漸漸把注意力放在橫貫西伯利亞的鐵路上，一旦鐵路通車，俄國經濟和政治在遠東的前途，將大為改觀，兩國關係到那時仍然友好，由鐵路得到的商業利益，中國自然也能分霑。兩江總督張之洞在1895年8月上疏與俄結盟和分析修築鐵路的好處。他強調俄國在遠東得到貿易利益的重要性，以及一旦給予俄國鐵路修築權，她在運輸軍隊和物資的物流必然方便[53]，中國仍可維持控制遼東半島。張氏論斷俄國如果得到了上述權利，中國也可以提出自己期望的條件。張之洞位居總督，在平定太平天國叛亂有功，位高言重。

5. 列強登場：英、法、德為何不在選項中？

何以中國人眼中此刻似乎沒有一個西方國家比俄國更適於做中國長久盟友？整個十九世紀中，大英帝國在國際政治和經濟上的影響力遠遠超越其他各國，在中國也有相當多的利基。理論上，如果中國願意尋找盟友做國際平衡，英國不可能落選。但英國在1894-1895年中日戰爭中保持中立做壁上觀行為，已使中國大失所望。英國不止一次拒絕中國請求她出面干涉，中國政府認為英國在中國的利益尚未受日本影響，故不願參加由法、德、美、俄四國的干涉日本占領遼東半島[54]。

英國的政策，使中國的政治家們感到不悅，開始懷疑英日兩國另有貓膩接觸。李鴻章向駐天津的英國領事布萊斯特（H. B. Bristow）當面表示懷疑，何以獨獨英國從不試圖保護中國領土完

整[55]？大學士戴鴻慈對此也有同感。在他的奏疏中說英國對四強干涉的事保持冷淡，等同間接幫助日本。英國擔憂俄國對印度有野心，也尋求日本的友好，而日本則擔憂俄國艦隊出沒黃海，也需要英國支持，所以英、日就是團夥[56]。這個論點也得到北京禮部尚書許應騤認可，說英國過去對中國虛情假意，只是為保持其在中國的商業利益，她另盼遏止俄國入侵英屬印度。中國此刻已被日本打敗，已不再有興趣維持中英友誼，當下也沒有更多的實質利益，英國寧可此時聯日抗俄。他說，中國絕對不可考慮和英國結盟政策[57]。

兩廣總督張之洞同意這一觀點，他也反對和其他列強——法、德和美國結盟。他指稱法國曾藉宗教方式誘惑中國人民反對政府，太平天國叛亂中就有法國的影子。德國和中國又無共同領土邊界，美國則遠在太平洋另一頭[58]，張氏反而看好中俄結盟。

滿清政府對於法國沒有好感，認為她趁著太平天國之亂，不斷要求在雲南省的鐵路修築權和商業特權。德國在中國的影響遠遜於俄國，德國公使史溫斯堡（T. S. Schweinsberg）仿照法國提出許多要求，翁同龢表示「無法忍受」了[59]。法國和德國勢力太遠皆不足以對付已在遼東半島兵臨北京城下的日本。戴鴻慈又上奏說：「美國只對貿易特別有興趣」[60]，她不會牽涉入中日衝突中，而只會做壁上觀。也有一些意見認為中國如不能和她們之中任何一國結盟，中國便很難同時抵抗所有列強。就在商議歸還遼東半島時，劉坤一呼籲軍機處應當盡快與三列強聯合。他強調說，如果三強聯合日本對付中國，後果不堪設想[61]。三天以後，他在奏疏「聯俄抗日的祕密重大計畫」中更加強調這種觀點（意譯）：

帝俄與法德聯合干預，日本才將遼東歸還中國仍有人懷疑她另有野心，而不敢與她結盟。如凡與我們合作的國家，我們都和他們保持距離，至於對我們友善的國家，還報以卑視，很快他們會認為幫助中國不值，我們將更加孤立。[62]

劉的論點指出，即使中國不期望俄國的友誼，也應當避免成為潛在的敵人。他同意俄國軍事力量優於日本，則中國應給予俄國較好條件的說法。

禮部尚書許應騤也加持（意譯）：「有人比喻俄國非虎即狼，若和牠衝突便可能受傷。不可想像一旦讓牠進入我們家中，我們便無法躲避遭受傷害的慘象。但是中國的軍事力量，已經無法和日本抗衡，如何再能縱容對俄產生敵意的情緒。」[63]

中國政府官員不願在其他列強中尋求援助，卻傾向於和俄國建立良好關係。他們懷疑俄國援助的動機，不過這種關切又被另一恐懼所壓制：如果中國拒絕俄國的友誼，可能將會面對俄國挑動戰爭之局面。此刻選擇與俄國結盟顯得合理，因為沒有與俄結盟，中國損失只有更大。

6. 反對聲浪：結盟的隱憂與對立聲音

與俄國結盟的建議，反對的聲浪不大。1895年底，與俄同盟尚未完成。那些反對和俄國建立友誼關係的官員，所持的理由是中國應當更理性謹慎，不能感情用事。戶科給事中（負責國家財務）洪良品（1827-1897）極力反對由俄國接洽借款一萬萬兩，如果被其他列強知道，後果難測。同時，戶部也無能力償還貸款的年息（20%）二千萬兩。如果中國不能償還這筆貸款和其利息，

就只有讓外國軍隊繼續入侵要求其他賠償。中國目前受日本的威脅不能給予另一個國家從事擴張活動的理由[64]。然而，洪氏的反對意見並未引起太大的反應。事實上，由俄法財團支持的貸款合約的決定，早在三十九天前，在沒有告知洪良品的情況下，便由俄國代表和中國代表許景澄在聖彼得堡簽訂了[65]。

當有利於俄國的推薦奏摺發生作用後，曾任軍機處章京、戶部郎中（處長級）的陳熾（1855-1900）提出論點[66]：引述過去中俄關係以及在國際舞台上的影響，俄國的實力和局勢，如同中國在戰國時代的秦國（西元前201至前403年期間），是當時中華民族最強的邦國。中國猶如韓國，乃是戰國七雄中最弱的一國，在地理上，和秦國相鄰，就像現在的中國和俄國。其餘五國恐秦國強大，試圖阻止秦國擴充，就利用韓國作為緩衝，這個範例適於現在中國的局勢，因為所有列強都極力限制俄國向遠東和歐洲擴張。陳熾又提出中國在最需要援助時，其他列強卻不予置理。中國既畏懼俄國的強大優勢，卻又對其他列強的冷淡感到沮喪。中國為了自身的生存，有必要尋求俄國友誼。這正是曾發生在戰國時代韓國的事，韓國曾向其他五國求助以抗秦，但卻為他們所忽視。韓國不得已被迫向秦國乞援不成。秦國後來顯露真正意圖滅亡韓國。陳熾結論說：中國計畫駕馭優勢外力以圖自保是「絕對蠢愚」的，戰國時代的韓國被秦朝滅亡就是活生生歷史的鏡子[67]。

陳熾的歷史性觀點，極具警示意義，可惜並未引起注意，他官職中等，影響力小。但是另一部分，或許是由於他的論點和他以往上奏光緒皇帝老師翁同龢的另一奏摺中所列的論點大相逕庭。在那個奏疏中，他卻建議和另一列強——英國——締結密

約,以互助為目的[68]。

中國官員不同時段對於一件事表達意見,常常互相矛盾。張之洞和劉坤一就是這樣的例子。在中日戰爭後,他們對俄國的看法,就和1880年代他們所持的觀點完全相反。伊犁危機中,張氏被視為朝廷中主戰派的喉舌,因為他堅持主張強硬政策,甚至包括對俄使用武力。當俄國要求中國某種讓步,作為由伊犁撤兵的條件時,張氏屢次建議採取積極措施對俄備戰[69]。關於伊犁事件的各項報告中,他都表示了對俄國的憎惡[70]。1880年初期,劉坤一曾竭力主張對俄備戰[71],但他此刻卻建議滿清政府應當割讓新疆幾個城市給俄,作為和她結盟的代價。二十年後,劉氏上奏「與俄結盟的祕密重要計畫」的五年後,也就是俄國趁拳匪之亂擾亂中國北方之時大肆在中國東北擴張,他恢復了以往的敵對態度,他希望能藉日本勢力的擴張,對抗俄國。一反過去他的親俄政策,他呼籲小心俄國滲透滿洲後就不會撤兵,認為李鴻章的對俄政策愚昧,顯然已被俄國利用[72]。中日戰爭後,中國的官員們已經瞭解中國的外交政策不能再一成不變。他們感到中國現在需要的,就是重新調整她和各列強間的關係,俾能製造機會勸導其中之一國家轉敵意變友善,以使中國重拾喪失於日本的影響力,渡過難關。與此相對應的,這時俄國對中國的態度,和其他列強對中國態度之間的重大分歧,限制了中國政府的選擇,如劉坤一問題的聲明中反覆申明中國必須「順應環境,利用既得情勢」[73]。從後繼發展的歷史看來,他倒是一個務實的策略者。

問題是如何把理論付諸實施。上奏意見很雜亂,甚至在中日戰爭期間,張之洞曾尋求向俄國要求軍事援助,在給李鴻章的一

封電報中說：中國應試圖符合俄國的需要，評估比較價值，尋求解除中國危難局勢的適當方法[74]。當時朝廷中的親俄氣氛逐漸形成，這個建議便漸漸成了主流。1895年7月，建議選派一位皇帝信任和有經驗又顯赫的全權代表，前往與俄國進行同盟祕約的意見，終於列入軍機處正式的奏摺中[75]。

派遣一位人物出使俄國執行這種特別任務，若無外交上的掩護，難免引起國際間猜疑。滿清政府必須等候適當時機，達到理論和實踐符合的目的，這種機會極快到來。1895年9月，中國駐俄大使報告北京，俄皇尼古拉二世加冕典禮，將在翌年5月舉行，各個國家將派皇族或大使前往俄國首都聖彼得堡祝賀。許景澄大使上書中國應派一「特使」，而非一般大使才能表示中國如何尊重俄國[76]。

12月28日，總署任命直隸總督王之春，他的資歷是他於前一年去過俄國，已經與俄國官員建立良好關係[77]。在北京的俄使喀希尼告訴恭親王與總署大臣翁同龢，王之春官階不匹配中國威望，應當選派一位皇室親王或另一位軍機大臣。總署接受了這個建議，卻無法從軍機處或總署中選出任何人，考慮結果還是建議選當時正要退休卻仍有大學士職位的李鴻章最好。1896年2月10日，慈禧太后同意總署奏請確認，把已頒發給王之春的詔書撤回[78]。幾番考量，滿清政府幾乎花了一個半月的時間才決定李鴻章擔任此一使命。毋庸諱言，總署考慮李鴻章，基於他在和列強間解決爭端頗有經驗，看法成熟。最重要的，李氏比當時任何一位官員在鐵路建設和政策方面都更有知識和經驗，除了外交同盟問題外，鐵路政策是滿清政府在中國東北國防的另一核心問題。

走岔的西伯利亞鐵路
———《中俄密約》與國際政治博弈 1896-1970 on

第三章

鐵路夢：中國的現代化之路

十九世紀滿清帝國鐵路政策的演進，與歐美現代化和鐵路技術息息相關。對中國而言，這是進口技術，輸入建築鐵路與近代中國經濟史有著必然的相關性。中國交通的計畫、培養建築鐵路界技術人員，以及經濟考量，都在這一時期進入瓶頸。俄國此刻修築大西伯利亞鐵路的計畫路線也在1860年代進行中，但為什麼要選擇規劃一條西伯利亞支線橫貫滿洲是必須探討的。對這一支線鐵路的看法，清政府和沙俄政府的意見從分歧到同意，是一個看似漫長，卻是各種因素演變成的綜合結果。

1. 從無到有：鐵路發展時間軸

鐵路和許多其他西方科技名詞一樣，是十九世紀上半葉由歐洲傳入到中國的。中國人最初瞭解到關於它的用途和知識，是陸地上使用的一種新型交通和物流工具。至於鐵路在經濟、政治上的功用，他們瞭解得極少。根據早期中國人的翻譯著作[79]，有誤解為鐵路在冬季時也能像船可以從水面上通過的[80]。

1840年中英鴉片戰爭爆發後，中國被迫打開門戶和西方接觸，但鐵路方面的知識尚未普及。1860年代，英法聯軍以傳教士和使節團被殺為由，派遣軍隊攻入天津港口占領北京，中國缺乏防衛的弱點全部暴露。英法政府和中國於北京在1858年和1860年簽訂的兩次戰後條約，順便向中國總署提出多種要求，其中包括修築鐵路。鐵路能夠運煤，解決英法船隻來回航行所需的能源，藉以掠奪沿線各種資源。同治年間（1861-1875）中國當局對西方修築鐵路的提議極為消極保守，每當外國商人要求，便懷疑其動機，最好予以完全拒絕[81]。

總署在1860年代中期，不願考慮西方所提鐵路建造的可行性，但所有通商大臣都奉命研究最佳對策[82]，經過反覆商議未果。他們漸漸知道鐵路還有高效運輸功能，開始擔心鐵路也可以快速運輸侵略軍隊。總署對各種提議，一律視為禁忌不准。但是去過西方國家旅行有經驗的中國商人、學生和知識分子，見識了歐洲的鐵路發展，卻認為中國現代化必須依靠高效的鐵路來運送人員和物資。他們的訊息回饋引起政府精英群興趣，其中熱心分子之一就是李鴻章。雖然李氏本人之前曾反對過修築鐵路[83]，但他嗣後卻認為在政府監督下修築和管理鐵路，不致產生不良後果。

1881年直隸省（今河北）開平煤礦局請求准許修築由唐山到胥各莊和蘆台的鐵路，以運送煤礦。此一構想原遭駁回，但由於距離不長（28英里），李鴻章適時為直隸總督和通商大臣，批准試辦，該公司乃於1880年開始修築鐵路，一年內竣工[84]。這是中國第一次自造鐵路，也成功地運送貨品，訊息明示鐵路的修築，並不似以往想像的那麼困難和有什麼實質的威脅。最令人鼓舞的方面，是這條路線並未遭遇到1876-1877年[85]英國修築上海到吳淞間14.5英里長鐵路，因鋪軌時拆毀了地方百姓祖墳，而引起地方公憤大力杯葛，甚至雇人躺在鐵軌上自殺，稱鐵路並不安全，硬是不讓火車通過；由於是英國人出資硬蓋的，清政府原來沒有同意，最後賠償將其贖回拆除。

1880年代中國和法俄兩國分別在安南和伊犁事件發生衝突，使得當局急尋策略，官員在上奏的策略中，甚至建議修築全國鐵路網。修築鐵路不再被視為無稽之談，只是中央政府尚未決定細節。1885年將鐵路事務交予海軍衙門主掌，但忙於太平天國內亂

和應付西方殖民國家的入侵,海軍衙門並未認真辦理,修築鐵路不是當時必需。

1885至1894年期間,滿清政府漸漸考慮鐵路修築可以加強國防力量,乃將原有唐山到胥各莊線延長到天津和大沽,期能保證有需之時可以將天津的守防部隊迅速調至北京。海軍衙門已考慮到俄國和日本勢力在朝鮮的增強,考慮把現有鐵路延長到中國東北滿洲,使長城內外的軍事力量聯結在一起;後因建造鐵路需要資金和引進先進技術困難等問題,只好暫時放棄。

2. 兵家必爭之路:鐵路與軍事

1894-1895中日戰爭時,中國的鐵路系統尚未成熟,也難以符合國家安全的需求,鐵路運輸的方便可以變成雙面刃——雖可以運輸自己的軍隊和軍需,但是若戰爭失利反變成協助敵方的運送工具。政府瞭解鐵路的功用,並考慮到如果國土開放被敵人入侵,一位官員敘述:「果真如此,國內將充滿外國軍隊和外國人。」[86]鑑於最近和英法兩國交戰的經驗,應避免再進一步的衝突,修築鐵路帶來的弊大於利,政府考慮進退兩難,僅認為在戰後鐵路或可以恢復和發展國家經濟潛力。中國目擊日本強勢的擴充,來自一連串西式的改革,包括修築鐵路,自己不能接受妨礙走向現代化的步驟。

普魯士國(後德國)大將軍毛奇(Helmuth K.B. Moltke, 1800-1891)在1870年對法戰爭中成功地運用鐵路運送普軍,曾引起中國人的注意。一位自強運動的熱心擁護者王韜[87],在他所著《普法戰紀》(1870)中描述普軍如何有效利用鐵路運輸軍火和給

養,強調普軍動員的高效率[88]。此一觀點也被李鴻章的僚屬薛福成(1838-1894)採納。薛氏在1878年的「重開中國鐵路」的上奏中說,普軍破壞了法國的鐵路系統,使她的軍事力量大減,以致使她全軍覆沒。他結論說:「鐵路便利集中軍隊抵抗敵人,但絕對不能被敵人所利用。」[89]

1862至1881年的伊犁危機中,若干中國官員已經意識到亟需完善交通系統,才能把軍隊軍需運送到遙遠的西部邊疆。其中一位提督劉銘傳強調鐵路對軍隊和糧秣運輸的重要。中國廣大的領土,因為缺乏交通運輸,各省相互隔絕,不但造成貧富懸殊,軍隊調度因而不易[90]。劉氏更強調一旦鐵路網修築完成,便可節省大量軍費,又易集結軍隊[91]。海軍衙門於1885年成立,決定了建立現代海軍,修築鐵路是海軍建軍上的任務。張之洞在〈中國創興鐵路利弊論〉的文章中,明白指出,中國的海軍,必須由中國的陸軍做支撐點,否則難以發揮效果[92]。把腹地陸軍和沿海地區海軍,做最佳連結。海軍衙門成立後,立即修築了天津－塘沽鐵路。1889年滿清政府接受張之洞奏請修築一條由北京附近蘆溝橋到漢口的鐵路,以開採內陸各省豐富的資源。李鴻章卻修改方向,把天津－塘沽線延長到滿洲,以便對日、對俄發揮制衡作用。1885到1895年期間,對中國鐵路系統的籌畫,防禦是主要考慮。

3. 工商繁榮的引擎:鐵路與經濟騰飛

鐵路在商業和工業功用影響中國這方面思想的發展。在1865至1875年期間,外國商人曾不斷訴請開闢通商鐵路,滿清政府顧慮國家的安全加以拒絕,認為修築鐵路將會改變天然外貌,破壞

農田、橋樑、墳場,引起民間的抗議甚至動亂[93]。即使鐵路開放有益通商,也只是有益於外國在貿易競爭上有優勢,中國人民的生活反而會受到嚴重影響。1880年代初期當修築鐵路引起討論,反對聲浪依然不減,指出鐵路將剝奪中國招商局的利潤,有些官員擔憂地方稅金將逐漸流失[94]。

華北醇親王和李鴻章熱中於在直隸修築鐵路,南方台灣提督劉銘傳則積極計畫建造台北到基隆的短線鐵路,這些計畫並未遭受保守派反對。但當李鴻章計畫把津沽線延長到北京附近的小城通州時,卻遭到強烈的反對,有些御史控告海軍衙門的計畫超過預算。還有人認為李氏修築此線乃是西方陰謀,試圖用來作為進貢禮物博取皇帝的歡心[95]。某些官員認為擬議中的天津-通州鐵路會引起此一地區失業問題,因此區的民眾是依賴舟船漕運糧食進京為生,鐵路運輸會影響小商販生計[96]。最重要的是,朝廷對修築這條鐵路相當敏感,認為鐵路直通首都,讓中國內陸洞開,如1858-1860年的兩次英法聯軍入北京,首都直接受到侵略威脅。

海軍衙門接到張之洞奏請修築內地蘆溝橋-漢口鐵路線,起初加以反對。滿清政府幾乎同意張氏的要求,因為新路線能充分開發內陸資源,不容易受到外國攻擊[97]。不久海軍衙門就改變主意,在張氏開始實施修築蘆漢線前,採納了李鴻章的建議,先修築自林西鎮到橫村間的廣東鐵路。

中日戰爭失敗帶來的衝擊,使中國人的態度反映在交通建設上。某些中國知識分子,則效力於自強運動。著名的改革分子康有為(1858-1927),主張全盤西化,認為鐵路以及電報、汽船和郵政管理,都是發展中國家應當具備的基本條件[98]。康氏在1895

年的「萬言書」中，曾強調鐵路的便利和效率，不僅在運輸軍隊和裝備，而且也運輸食米、商品、官員和學生上學，以提高人民的生活品質和統一全國各種方言和習俗[99]。這個上書得到十八行省的六百多位舉人聯署背書[100]。

另一位鐵路提倡者戶部主事陳熾，在1895年4月17日致軍機大臣翁同龢的建言書說，採用鐵路、電報和汽船絕對不會像災禍一樣，它們反而是中國民運的契機。也是光緒皇帝的師傅翁同龢看後大受感動，1896年1月代陳熾奏呈光緒皇帝。滿清政府對於鐵路的態度，也受外國人激勵。美國公使福斯特（John W. Foster, 1836-1917）在馬關談判時擔任李鴻章的顧問，在1895年4月30日向總署的四位最高大臣[101] 建議中國在今後的十年內，在尚未陷於困境之前[102]，應立即採取行動積極訓練軍隊，採用西方技術修築鐵路。

廣西布政使胡燏棻強烈主張參考張之洞提出修築蘆溝橋－漢口鐵路計畫，建議與商人成立合資公司[103]。張之洞得到胡燏棻的支持，再度提出這個計畫，表示假如早已修好這條鐵路，中國不至於在甲午戰爭中完全敗仗[104]。1895年7月19日皇帝頒諭各大學士提出有效的方法和政策：修築鐵路、鑄製銅錢、建造機器和開發礦業[105]。

4. 鐵路建築資金從哪來：籌款的曲折過程

中國注重鐵路事業開始，籌措資金就是難題。1850至1880年主要的爭論，就是圍繞可否修築鐵路這個項目打轉，所以財政問題還未真正開始研討。鑑於架設電報路線和成立汽船籌款的困難，主張修築鐵路的人意識到就算政府允許，財源必須到位。

1860年以來，內有太平天國叛亂，外有列強入侵，政府財政問題變得尷尬。開始修築直隸（河北）唐山－胥各莊鐵路時，承包商未得到政府的直接支持，必須向開平煤礦求助。李鴻章的僚屬薛福成，倡議政府應當裁軍而籌款築路，節稅富國[106]。李氏的另一位僚屬馬建忠在他的奏疏〈借債開鐵路議〉中結論說：「籌款最佳辦法是洽談外債。」[107]

裁軍省錢蓋鐵路的建議未被總署採納，但以債養債的提議可以考慮，有抵押則債多不愁。早在1880年，在台灣提督劉銘傳的奏摺中，也強調籌借外債築路[108]。反對意見則擔憂如果各省份都擅自洽談借款而由政府擔保，未來如何償還？最終將被西方國家奪地無疑。擔任直隸總督的李鴻章提出了三個可行的選項：

一）借款須有清楚透明的合同，利息必須固定，而且按約定期支付；工人的雇用、材料的購置以及鐵路的管理，完全由中國人自己負責。

二）遵照中國招商局的辦法，外國人不能持有公司的股份，如果成立公司，則在中國政府監督下。

三）應當安排每年償還基金的但書，條約的履行，由政府保證，以鐵路收入，而非海關收入，作為借款人的抵押[109]。

李氏建議看似合理，仍難以說服總署。政府此時正忙於中法安南的爭執，建議暫被擱置。直到1885年海軍衙門成立後，唐山－胥各莊線的工程才開工。胥各莊延伸到閻莊只有65華里（28英里），海軍衙門就無法籌款工程所需25萬兩，乃向開平煤礦請求補助。1887年3月，醇親王和李鴻章決心完成由閻莊到大沽（約35英里）再到天津（約40英里）的延長線，向民間募集一百

萬兩[110]。

1900年代初期,中國內憂外患,國內經濟窘困,社會貧富差距擴大。絕大部分人民生活在貧窮線以下,農民靠租地耕種,收入微薄,難以維持溫飽;工匠手工業生活相對穩定,但工資不高;攤販、小商人居多,收入相對較高,但因受到社會動亂,依然拮据,求生不易;僅少數地主和官僚過著富裕奢侈的生活。民間籌資計畫不順,數月之內只募得108,000兩[111]。海軍衙門於是分別向英國匯豐銀行和德國商行洽借兩筆總共107,000兩貸款修築閻莊－大沽－天津線,再以歲入支付。閻莊－大沽－天津線鐵路完成了(1888年10月),然稅入只夠鐵路工程維修,沒有能力償付貸款本金。於是他建議將路線延伸至通州地區,歲入增加可以支付鐵路的維修費用,也可以償還貸款本金。雖以國防海軍考量過關,卻陷入以債養債的惡性循環[112]。

此時張之洞提議修築蘆漢鐵路線被清廷採納,反而李氏的計畫被擱置。朝廷不確定資金來源,致使他們無法接受李氏的計畫,而張的自給自足計畫則相對靠譜。蘆漢線除第一階段需要部分外資外,之後開採正定和山西清化的豐富礦產,可依靠中國本身的財力修築[113]。張氏堅決反對外債,強調如用借債,中國只有繼續被重重剝削[114]。

海軍衙門評估這個三千里長路線,認為實施困難。雖然在山西冶煉鐵獨立生產鐵路鋼材的計畫是可行的,但沒有把握募到足夠建造鑄鐵廠的資金,張氏的計畫需要更多的國內投資,籌措款項來開發礦產[115]。他們不反對張氏的建議由一部分地方支援,和小部分外國借款[116]。張氏本人堅決反對商談外債,強調經核算,

無法負擔建造的十年期間的利息，如果政府不能撥款修築鐵路，修築工程可以暫緩延期一兩年[117]。經過兩個月的審議，海軍衙門最終裁定不借外資，並上奏皇帝下諭戶部為此鐵路用途，每年撥專款二百萬兩[118]。

1890年基於滿洲乃滿族發跡之地的國防安全，清政府改認李鴻章建議修築的關東線比蘆漢線更為緊急，便用這二百萬兩優先修築關東線。醇親王與李氏兩人決議迅速尋找基金資源。關東線的全部費用估計三千萬兩，分十年建造，這筆費用反多於張之洞建議的中原路線。而且戶部一年兩百萬兩的撥款，重估預算與預期歲入不對等，十年之內不可能完工。醇親王把籌款的問題推給李鴻章處理[119]，李氏款認為向奧國借款並不會像向其他列強借款牽掣到在中國的索求問題[120]，於是向奧國商談。軍機處醇親王突然病逝，李鴻章在這方面失去支持，計畫便半途而廢[121]。戶部能提供的資金有限，在中日甲午戰爭爆發時，關東線完成了約全程中的100英里。

甲午戰爭給滿清政府帶來財政崩潰，然修築鐵路網的主張並沒有改變。政府無能為力，國內商人提供資金不確定。中國第一位留學生、畢業於美國大學畢業的容閎回國後，與曾國藩和李鴻章等人接觸，建議向美商借債[122]，並設立國家銀行發行鐵路公債[123]。張之洞雖然先前曾反對為築鐵路商借外債購買材料，此時卻同意容閎的看法。但他認為貸款只能限於美國籍和奧地利籍，其餘各國商人都不可靠，否則將來收回鐵路必然困難[124]。

另有建議仍向國人集募資金，由政府官方監督修築工程。李鴻章下屬胡燏棻建議設立有彈性的官方鐵路公司，在政府監督

下徵收土地、測量邊界等事[125]。兩江總督劉坤一持反對意見，他認為政府曾有為招商局和紡織公司籌募民間資金失敗之先例，向國內融資不會成功。他建議選擇一位忠誠、正義和學識豐富的官員，賦予充分官方權力來監督此事，並奏請南北洋通商大臣李鴻章和張之洞輔佐全部事宜[126]。朝廷批准後者意見，當天津－蘆溝橋線地形開始測量，蘆溝橋－漢口的計畫同時研議。光緒皇帝在1895年12月7日下詔開放各省份商家若能集資一千萬兩，便授權組織鐵路公司建築，政府不干涉公司的財政[127]。

1895年底，滿清政府因戰禍背上巨額賠償，經濟嚴重枯竭，舉外債短期過渡但也問題重重，外國銀行利息計算繁瑣複雜。合資公司觀念和風險，難以被中國商人全然理解和接受。提倡過中國人自行籌款的胡燏棻當正值監督修築鐵路，1896年初卻坦承天津－蘆溝橋線募款失敗，若要工程繼續，向外貸款是唯一解決方法[128]。總署仍然認為接受外國貸款無法有效控管，拒絕請求[129]，總署對貸款的考慮慎重，多次放棄。

5. 山高水長：技術挑戰與地理難題

關於在何處修築鐵路及選擇路線，在中國一樣發生爭議。當中國鐵路發展初期，1860至1880年期間——主要是國防安全和資金，技術上的細節還比較次要。台灣提督劉銘傳於1880年初期，曾提出修築四條鐵路線[130]，當時沒被總署看重。不過一條清江到北京的路線卻受李鴻章的支持。這條路線早於1864年便由英國工程師史蒂文生爵士（Sir MacDonald Stephenson, 1808-1895）在受邀去廣州勘查時提出[131]。李氏支持清江到北京線，可以連接直隸

和中國東北滿洲運兵到中國南方沿海省份[132]。1885年負責修築鐵路的機構正式成立，醇親王和其他官員決定，繼續修築南北方向唐山－胥各莊線。

1889年，修築天津－通州線的延長計畫，因遭反對而暫緩。張之洞負責的蘆溝橋－漢口鐵路計畫無進展，滿清政府暫把注意力轉到發源地滿洲，同意修築關東線。劉銘傳企圖修築台灣基隆－新竹線，但缺乏資金而無法施工。兩者都因資金問題，受限於紙上談兵。

當中日甲午戰爭開始時，關東已修築到山海關外北40英里的中後段，存放在旅順的六千噸鐵軌材料被日本輕易掠奪[133]。《馬關條約》簽訂後，日本軍隊不肯撤出奉天省，修築這條鐵路的計畫更是茫無頭緒。醇親王和李鴻章所建議的清江－北京線，又拿出來討論。以供大都市地區運送糧食穀物，和開發較富裕的東南各省資源。但它在地理上太靠近京城，擔憂提供外國軍隊入侵工具，尤其在戰爭剛剛遭受挫敗而又無力做抵抗的時刻，鐵路的優點不顯，缺點反露，劉坤一因而建議暫撤清江－北京線[134]。

從地理上的觀點來說，張之洞又提出蘆溝橋－漢口路線，要比其他路線有更大的吸引力，但所需要資金的缺口更大，只能暫時修築劉坤一奏請的由天津到蘆溝橋[135]之間的短線。而這一條路線和當年李鴻章建議的天津－通州線同一方向，只是李氏的建議在1889年胎死腹中。到此為止，清政府再令修築鐵路計畫亂無章法。中日甲午戰事拖延了鐵路的發展，戰爭結果反而引起大幅改革的趨勢。不論過去如何被廢置的方案，如今有助於重建均在此時提出而不怕被批評。

6. 李鴻章：中國鐵路之父還是外資代理人？

由1860年代到1890年代，李鴻章參與開發中國的鐵路網，約200英里的工程，算是主要的中國鐵路熱心推廣者之一。1850年之前，當「鐵路」一詞首次被引進到中國的時期，李氏的知識有限，態度保守。不久他觀念急速改變，反認為中國若在歐洲國家若干技術和機械的協助下，可以建造鐵路[136]。

李鴻章升任直隸總督後，建議要國家現代化的影響力大增，更應重視鐵路修築。1877年6月他建議選派學生前往英國學習鐵路修造技術[137]。同年7月建議修築由清江到北京的鐵路[138]。當時他是朝廷中的獨倡者，意見並未被完全採納。1879年他支持中國招商局總辦唐廷樞（1832-1892），取得修築開平－蘆台電車的許可，長達28英里的電車工程便在1881年開始[139]。他信心滿滿要做一個中國科技西化推廣者，不厭其煩說服其他保守官員。1880年他又支持劉銘傳的建議，籌募資金建造清江－北京的鐵路，在十九世紀後半段中國近代史紀錄中，他可以算是最支持鐵路工程的官員三位之一（另外兩位張之洞和劉坤一）。

1881年初李氏上呈一個重要奏疏提出了：鐵路功能的九點利益：

（1）透過鐵路業務，關稅和釐金（銷售）稅都會增加，財政歲收隨之增加；（2）軍隊容易集結，迅速而有效地運輸，能發揮軍隊的戰鬥力；（3）首都北京不會再受危脅，皇宮安全可保；（4）可防止因缺乏控制而增加的昂貴糧食運費，進而杜絕壟斷專賣；（5）政府需要的軍需品及軍火能迅速補給；（6）

1881年李鴻章視察唐胥鐵路（唐山－胥各莊九公里開平煤礦）
照片來源：「歷史鏡像館」

官方通訊可以迅捷到達；（7）中國的天然資源，尤其是煤鐵礦產，能得到有效開發，用來維持軍需運輸；（8）內陸隔離城市一經開通，進口外貨和出口土產均能增加；（9）政府官員、普通民眾、商人、軍人往來各方從事各業，省時省事省錢，不再懼怕沿途土匪搶劫和擔心氣候變化[140]。同時，他特別表示了對俄國修築大西伯利亞鐵路的獨特看法：

「俄國目前在建造由歐洲到浩罕和恰克圖的鐵路，準備修築由海參崴到琿春的鐵路，中國領土和俄國領土交界的地方，長達一萬里以上。如果我們一起合作幾條鐵路，則與俄國的關係迅速改善。」[141]

這是甲午戰爭前十四年李鴻章提出的建議，和第一次表示願意利用鐵路發展和與俄國建立較好的關係。有關俄國或其他國或許利用鐵路入侵我國領土的事，他說：

「世界上所有的國家，鐵路都是用來運輸軍隊，抵抗敵人的。從未聽說，鐵路是用來運送敵人的。鐵路建在國家內陸和我們戍守的邊疆，外國人無法立即侵略我們。必要時，部分鐵路可以拆毀，使它無法通行。」[142]

即使從今天的角度來看，李氏的觀點仍合情合理，宏觀大器。可惜當時他的想法沒有得到回應。郵務大臣劉錫鴻（1820--1891）還極力反對李氏的建議[143]。劉氏曾任駐英副使（1876-1877）後出使德國（1877-1878）。劉指出李氏在1888年10月以前[144]，從未坐過火車，而他本人在歐洲已經有三年乘坐火車的經驗。

中法兩國因安南之亂（1880-1885），李氏曾多次建議修築鐵路方案[145]。他最終得到軍機處醇親王的支持，力挺李氏的修築鐵路建議，將鐵路修築的管理機構置於「海軍衙門」之下，其次決定把唐山－胥各莊線延長到閻莊、塘沽和山海關。天津－通州支線引起朝廷內部的嚴重反對，李氏無奈，只得暫時放棄計畫，繼而和張之洞共同負責由蘆溝橋到漢口的路線。

1880年代末和1890年代初期，遠東方面國際形勢緊張，影響了李氏原來的計畫。1885年漢城政變，日本在朝鮮大肆擴張。鑑於俄國大西伯利亞鐵路計畫，急於向亞洲從事政治和經濟的滲透。總署認為應該重新考慮在清朝發跡的滿洲興建鐵路。1891年4月，關東線方案得到批准，李氏獲得授權監督整個工程[146]。這條路線是由天津－塘沽線北部的終點站林西鎮，經山海關、錦州繼

左：支持鐵路的主要人物湖廣總督張之洞（1937-1909）
　　照片來源：歷史今日Daymirrowcn.com
右：1906年張之洞參與蘆漢鐵路通車典禮（蘆溝橋－漢口）
　　來源：史記丹青

續向東北方面延長，經寧古塔到琿春。它的終點在琿春，這據點和橫貫西伯利亞鐵路計畫中的終點海參崴正好在邊界相互對望。

修築關東線的最大困難仍是資金，管財務的戶部每年預算鐵路修築費二百萬兩，但這筆資金從未收到。1893-1894年間，還挪用給慶賀慈禧太后六十大壽龐大支出[147]。挫折如此，李氏只好與奧地利商談借款。當1891年1月醇親王過世，他失去最高當局中貸款建議的支持，於是便放棄原計畫。在修築關東線的整個作業過程中困難重重。中日甲午戰爭爆發時，僅修築了三分之一約100英里。

財務困難，路線選擇和籌款意見分歧，李氏的鐵路計畫屢遭挫折，但點點滴滴的心血慢慢有了契機。甲午戰爭和以後的數年中，他修築鐵路的主張遠比以往更積極。總署醇親王薛福成和盛宣懷

(1844-1916)等都受到他的影響,成為這方面的主導和支持。李氏在中國鐵路發展前後近三十年累積了許多經驗和知識,加上外交事務的談判經驗,終被滿清政府選中成為對俄交涉主要人選,為中俄修築大西伯利亞鐵路支線穿越中國東北而奠定談判基礎。

　　清政府末年,全國金融混亂,戶部改名為度支部,1908年成立大清銀行,在東北三省發行「大清銀行兌換券」,一度以李鴻章頭像(李已經已於1901過世)為新鈔正面,因製作技術低劣,容易仿製,1910年嘎然中斷,清政府對李鴻章的鞠躬盡瘁的一生做了紀念的表示。

1908-1910年東三省大清銀行於瀋陽(奉天)發行印有李鴻章頭像的鈔票
(J. W. Jones and Co,大英圖書館數碼館藏部提供)

走岔的西伯利亞鐵路
——《中俄密約》與國際政治博弈 1896-1970 on

第四章

東清―中東鐵路的誕生：
列強角力的戰場

1. 利益交織：西方列強的中國鐵路野心

外國在中國利益的考量有共同特性：當清政府採取主動時，他們就干涉。外國申請人一直很難得到北京政府的許可。譬如上海－吳淞線，在1878年的英國商人建築後，仍被中國當局拆除。當醇親王和他的僚屬李鴻章或其他官員開始表示自己要修築鐵路時，外國列強間普遍感到憂慮而開始插手，遏止中國與其他國家結盟以免失去自己本身的影響力。

美國駐華代辦荷克瑪（Chester Holcomb, 1844-1912），聽到總署在1884年8月打算為鐵路建築貸款時，建議應先得到英國的背書，才能獲得美國商人的支持[148]。美國大使塞瓦德（George F. Seward, 1840-1910），提出必須雇用美國鐵路專家。同年秋季德國領事館一等祕書也籲請總署將修築鐵路委託德國[149]。據駐德公使許景澄敘述，德國商人願意修改和中國的商業條約，德國若包攬鐵路建築則優先對中國貸款[150]。

法國的態度更為急迫，中法兩國越南事件的爭執1885年結束時，在和約中曾約定中國不論何時期望修鐵路，必須先和法國會商[151]。如修築蘆漢線時，法國公使李麥爾（Gabriel Lemaire, 1839-1907）建議總署參照1885年條約的內容，李鴻章拒絕[152]。當關東線決定時，李麥爾已對中國人失去耐心，仍要求滿清政府不可求助其他國家[153]。正當談判時，德國公使巴蘭德通知總署在修築關東線[154]的工程上，德國必須得到中國政府賦予法國商人同樣的條件：不與其他國家合作。北京立場非常困難，一方面辯解條約中模糊疑點，另一方面要安撫其他各方。北京政府妥協同意向法國

採購材料，算是暫時安撫法國的訴求，但是雙方誰都不滿意。法國干涉中日戰爭後，扮演中日談判時的仲裁地位，使她覺得可以趁火打劫，向北京政府繼續勒索在雲南修築鐵路，擴充法國在安南（今越南）的利益。

英國由於長期與中國接觸的關係，尤其是在參與鐵路修築問題件上具有優先地位。在開平修築電車時期（1880-1881），英國鐵路專家肯德（W. Kinder, 1852-1936）最先被雇用，英國的鐵路軌距也最先被採用（1453 mm 或4'8"），這與德國、法國、美國是一樣的鐵軌標準。計畫延長胥各莊－閻莊的路線時，仍然委託英方顧問。當天津－塘沽線進行時，由英國銀行貸款637,000兩[155]。這和李鴻章在1881年同意英國肯德有關[156]。李氏又借了另外一筆200萬兩的外債，修築天津－通州線，但是因路線太靠近京城受到反對而中止。

張之洞在1889年底內陸築路計畫，籌募國內資金建築所有主要鐵路，外國商團感到緊張。但新的關東線則又帶來機會。不顧法國反對，李鴻章仍任命英國肯德為工程師，他執意限制法國製造的火車車頭引擎，因它不符合英國在中國已經採用的系統[157]。由於修築鐵路的撥款被突然移作軍費，關東線無法順利開始，工程零零落落半途而廢。

1895年6月，英國匯豐銀行承諾貸款由山海關－吉林以及奉天－大連支線的建造費用[158]。滿清政府開始時拒絕這筆貸款，認為給英國商人機會會使法國不服[159]。英國屢屢施壓，最終說服了天津的滿清官員，在1896年為天津－蘆溝橋線從英國購買大量建築材料。

2. 跨越歐亞的大動脈：俄國的大西伯利亞鐵路

俄國的橫貫西伯利亞鐵路及穿越中國的路線的特別需求直到1870年才顯得彰明昭著。俄中領土相鄰，有國內發展經濟和遠東外交政策的雙重考量。廣袤西伯利亞疆域沒有現代化公路，加上天氣寒凍地面經常為雪覆蓋，地形奇特呈現交通不便，幾世紀來就一直困擾著俄國。西歐各國工業化後國力超越，而在西伯利亞領域使用傳統馬車、雪撬作為運輸工具，汽船用在夏季河流或湖泊，不再能應付強大運輸需求，修築一條橫貫西伯利亞來開發廣大土地鐵路是唯一的選項。早在1857年羅馬諾夫上校曾草擬一個將原來的馬車路，改成鐵路線。這條路線在索非斯克（Sophiisk）和底卡斯灣（De Castries Bay）之間，可以到達革達靼省的韃靼灣（Gulf of Tartar Skiiproliv），由於缺乏詳細規劃，變成只是紙上談兵而已。

沙俄政府選擇了由白爾姆（Perm）經葉卡特齡堡（Yekaterinburg）到梯尤門（Tiumen）的路線，在1884年完成[160]。1880年俄國鐵路工程師奧斯托洛斯基（Ostrotskii）延長此線，橫過烏拉爾（Ural）到鄂木斯克（Omsk），再接到中國西北邊界的巴爾瑙（Barnaul）連結西伯利亞各重要城市[161]，開始考慮修築大西伯利亞路線從東到西貫穿整個俄國。

西伯利亞缺乏人力資源。1885年在外貝加爾州（Trans-Baikal）人口密度，一俄平方里僅有1人（一俄里等於0.66英里），在伊爾庫次克省0.6人，葉尼塞省（Yenisei），僅0.2人，帕阿穆爾省（Pramur）0.6人，和阿穆爾省（Amur）[162]0.2人。天寒地凍，移

民去西伯利亞的意願極低，比起人口稀少的中國東北還少。1891年整個帕阿穆爾地區總人數還不到一百萬人，中國東北（滿洲）約有兩百萬人[163]，前者比後者疆域大一倍。

西伯利亞富藏天然資源，如礦產、森林和皮毛等，俄國貨幣本是金本位，1890年金礦一年的產量超過六萬俄斤（一俄斤等於36.11磅），阿穆爾省在1891年的產量已經超過西伯利亞最大的金礦，奧里明斯克－韋太木斯克（Olekminsko Vitimsk）礦。阿穆爾礦苗中淘出金砂的百分比，比當時藏量最豐富的烏拉爾地區者高出六倍[164]。中國直接進口茶葉會節省從歐洲大陸進口的費用，1880年由中國輸入的茶葉約兩百萬俄斤（pud），1891年這種茶葉半數是經過歐洲邊界海關進入俄國領土，另一半則經伊爾庫次克的海關，分由兩個路線輸入：

1. 由漢口到天津，橫越蒙古到恰克圖。
2. 由漢口到廟街，再沿黑龍江到外貝加爾州地區。但茶葉運輸期間，極易因受潮而遭受損失，五分之四是經由第一條路線運送，運費要比以第二條路運輸高出一倍。如果橫貫西伯利亞鐵路建成，則不須經由蒙古大漠或其他水路[165]，便可節省數百萬盧布運費。從莫斯科到海參崴的旅程，也可以縮短時間。從地理觀點來看，它將替代蘇伊士運河將歐亞大陸銜接[166]。

外交、政治上更加強了這鐵路的需要。西方列強對遠東的擴充滲透，日本對入侵朝鮮的加速，沙俄政府在1890年12月為此召集特別會議[167]。1891年3月17日，俄皇下詔編國家預算，命令提出修築橫貫西伯利亞鐵路具體計畫[168]，選出擔任財政部（原鐵道

部長）的塞爾各・維德（Сергей Юльевич Витте）承辦修路，此人於1892年2月由交通部大臣轉任任財政大臣。沙皇亞歷山大三世對擴展遠東事務非常關心，繼承者尼古拉二世更親自參與執行這個計畫，兼為大西伯利亞鐵路委員會主委，將修築橫貫西伯利亞鐵路的工作定調為最首要的工業化方案。

橫貫西伯利亞鐵路的修築，分成三個階段。第一階段中的三個區段，英里數最長的是

(1) 西部西伯利亞線：由車里雅賓斯克到鄂比河，長1328俄里（880英里）；

(2) 中部西伯利亞線：由鄂比河到伊爾庫次克，長1754俄里（1162.5英里）；

(3) 南烏蘇里線：由海參崴到哥拉提斯卡雅（Gratis-Kaya），長382俄里（253英里）。

這些幹線和支線，預計1900年完成。

第二階段的兩個區段，預計1898年完成，

(1) 北烏蘇里線：由哥拉提斯卡雅到伯力，長347俄里（230英里）；

(2) 橫貫貝加爾線：由梅蘇瓦雅（Mysovaya）到斯特汀斯克（Stretensk），長1009俄里（660英里）。

第三階段的最後兩個區段，是

(1) 阿穆爾線：由斯特汀斯克到伯力，長2000俄里（1326英里）；

(2) 貝加爾環湖線（Circum Baikalian）：由伊爾庫次克到梅蘇瓦雅，長292俄里（194英里）。

因為測量黑龍江線困難重重，到1893年尚未完全施行。在這個7,000俄里長的路線上的工作，原計畫從東西兩個端點開始，也就是分由海參崴和車里雅賓斯克向中間修築。每年的預算三千萬盧布，預計在十二年內完成[169]。

這三個部分中，最後兩個計畫，受到兩因素影響：現有的汽船交通取捨和修築的困難。貝加爾環湖線按照計畫必須繞過冬季有強風暴的貝加爾湖，再繞南部多山地區。由於和原有的蒸汽渡船業競爭，所以多此一舉[170]，畢竟鐵路路程較短容易完成。

但1894年測量黑龍江路線時，發現斯特汀斯克到伯力地勢險惡，森林茂密，黑龍江上不規則的河道支流，以及高低起伏的山嶺，呈現修築工程困難，如修較高的路肩。其次，工作人員難適惡劣氣候，很多地方長年冰凍不化。第三，黑龍江經常大雨氾濫，此區人煙稀少[171]（約115,000人），難招募勞工。設計工程師最難設計的就是這條長達2,000俄里鐵路：北烏蘇里線終點的伯力和太平洋岸的海參崴接連俄羅斯太平洋出口港，但其經濟性迫使必須重新考慮其他選項。

財長維德評估後，認為西伯利亞鐵路如由斯特汀斯克經中國東北滿洲直達海參崴可能是一個好的變通選擇。這個想法和一位俄國探險家巴達莫也夫（P.A. Badmayer, 1850-1920）有關。巴氏在1893年曾建議把西伯利亞鐵路延長到中國甘肅蘭州，俾能把俄國人員送到中國，挑撥蒙藏和漢民族間的感情，離間推翻滿清政府[172]。維德當時很欣賞這個意見，曾上奏亞歷山大三世[173]。

此線如由梅蘇瓦雅到尼克斯基省（Nikolskii），再橫過滿洲，則比原計畫的阿穆爾線，縮短500俄里，可節省大量建築成

本。其二，滿洲不僅氣候狀況比西伯利亞緯度低，施工較易，天然資源豐富，也能供應對俄國普里阿穆爾省（Priamur）所需鐵路枕木。第三，此線可以避開阿穆爾省湖泊航運競爭；第四，開此路時間緊迫，愈早完成，愈能配合俄國在遠東政治氣候，掌握有利的戰略地位。璦琿總督杜克霍夫斯基（Dukhovskii）警告計畫用自己的資源修築到外國領土上的鐵路是大錯特錯[174]。財長維德獨排眾議，得到尼古拉二世支持，剩下的問題是如何向滿清政府提出這個建議。

3. 國內輿論大碰撞：東清鐵路在中國的反應

　　1888年，俄國沿烏蘇里江從事鐵路測量，引起滿清政府警覺。慈禧太后和光緒皇帝詢問吉林省韃靼總督依克唐珂（1834-1899），他派人前查，告知俄國想由穆稜河（Mulin River）口沿興凱湖，南向海參崴修築一條長達360俄里的鐵路[175]。1890年6月7日，滿清政府駐俄大使洪鈞（1839-1893），向北京彙報他很關心中國將來在遠東的局勢，俄國正推橫貫西伯利亞鐵路計畫，認為俄國正急於建造，是因擔憂中國自己搶先建造滿洲鐵路[176]。洪氏的上奏引起李鴻章的注意，他命令部屬進行滿洲的測量工作[177]。洪氏的顧慮，俄國並非不知，當洪氏由俄返國時，沙皇亞歷山大三世對他保證俄國正忙於處理國內動亂，無意在中國招惹麻煩，建築烏蘇里線乃是便利通往海參崴運輸商品。亞歷山大三世強調俄國領土由西向東伸展，中國領土南北向，俄國希望連接歐洲和遠東部分的計畫，需要和中國合作才能完成[178]。這是第一次沙俄政府暗示俄中可以合作。

　　總署官員錢恂（1853-1927），做了一個有關俄國鐵路的詳

細報告,包括西伯利亞的氣象和地勢,修築每段鐵路所需要的時間、鐵軌規格、購料、架電報線和水管、造橋和鐵路巡查、估算購買土地、勞力工資、運輸材料和醫藥支出等費用[179]。他指出俄國蓋這一段鐵路的好處:第一,節省費用運輸軍隊和裝備;第二,郵件費用將大為減少,電報盈餘將會增加;第三,茶稅將會增加,因為茶葉陸運將不似海運遭受潮濕的損失;第四,向西伯利亞移民的墾荒移民人數將會增加,幫助開發地少人稀的廣袤領域;第五,俄國西部和東部間的交通效率增加;第六,俄國和中、日、美的商業關係將會發達;第七,俄國的產品平均分配;第八,吸引外國產品進入市場;第九,開發西伯利亞資源;第十,可以設立內陸工廠,不受西歐國家的威脅[180]。這是一個很客觀和詳細的報告。另一位中國駐日本官員姚文棟(1853-1929),警告一旦鐵路通車,俄國的貿易將控制亞洲半數以上的商業活動,給中國帶來無比威脅,戍守邊疆的官員們,要注意警戒新疆蒙古和滿洲邊界俄國的活動[181]。

  1893年洪鈞病逝,許景澄接任駐俄大臣,把有關西伯利亞鐵路進度的報告送到總署[182]。1892年12月,由葉卡特齡堡(Ekaterinburg)到車里雅賓斯克的路線完成,和由車里雅賓斯克到鄂木斯克段修築期間,許氏報告俄國向遠東方向的鐵路建築,一如「馴馬馳飛」[183]。駐守北京外國傳教士英人李提摩太(Timothy Richard, 1845-1919)和美國傳教士和教育家林樂知(Young John Allen, 1863-1907)也陸續向中國警告俄國的企圖。李提摩太因和一些中國官員保持密切關係,他在一篇文章〈鐵路侵地術〉(Railway Development and Territorial Expansion)中列舉:每當俄國完成一條新

鐵路時，她便攫取附近的土地，中國應當額外戒備。在〈俄國興築西伯利亞鐵路戰略術〉一文中，林樂知也提出類似看法，建議修築蘆漢鐵路線作為運兵防禦之用，中國應在西南各省修築鐵路，以便和印度、緬甸和安南境內英、法鐵路銜接，才能和俄國鐵路的優勢保持平衡[184]。

上海的《申報》在1894年1月3日一篇文章提出了幾個論點：指謫滿清各親王和政府官員支持西伯利亞鐵路建築，不瞭解這條鐵路在政治上的影響，分析俄國曾經想由黑海出口，卻被歐洲列強予以遏制，如今她必須把注意力轉向遠東──中國和朝鮮，此時內亂外患。中國目前在東北的武力的素質，遠遜於俄國軍隊，滿清政府對任何偶發事件都毫無抗拒能力，目前唯一的補救方法，就是由中國的內陸補給基地到琿春建造一條直達鐵路俾能運輸軍隊。他攻擊那些顧慮俄國可能奪取中國鐵路，作為侵略中國的工具：

假定敵人能占據我們鐵路中的一條，不是也能占據其他各條嗎？另一方面，難道我們不能以其人之道還治其人之身？若說我們無法奪取敵人的鐵路，而敵人卻隨時能將我們的鐵路侵占，真是極其荒謬可笑！我們應當考慮我們的責任，我們想去何處，敵人同樣也可以去。如果我們什麼都不能做，卻認定敵人什麼都能做，這近乎可恥和懦怯[185]。

一位盛先生在上海最暢銷的《申報》發文，說中國無須畏懼俄國利用中國的鐵路運送他們的軍隊，因為，第一，俄國採用不同的軌距，他不可能在中國的鐵路上換軌；第二，即使俄國人想加以利用，鐵軌容易拆除，中國也能夠破壞橋樑壓制鐵路運行[186]。

這和李鴻章在1881年上奏中論述相似。

除了修築通往邊疆的鐵路對抗西伯利亞鐵路的意見以外，張之洞更提出一個有關商業輸入的奏疏。他指出中國應當藉修築由鴨綠江或黑龍江南岸到黃海以南的鐵路，和西伯利亞鐵路接軌，以取得在亞洲貿易上貫通的利益。中國可以向俄國貸款，只要俄國能夠分到商業的利潤，她就不會拒絕，必須要求在契約中列出中國人有權使用此路運輸軍隊或運輸商品[187]。張氏覺得中國占有利地理之便，俄國修築的此一世界最長的鐵路讓中國在經濟受惠。這種想法使原本反對俄國修築西伯利亞鐵路者，轉為支持。

許景澄在1895年6月由聖彼得堡傳回的奏摺中，預言俄國終會正式提出修築橫穿中國東北滿洲鐵路的要求，許氏建議中國應該趁早嚴肅考慮，以便應對[188]。從各種歷史資料看來，中國對俄國修築西伯利亞鐵路的計畫，動機和最終目的並不陌生，而且考慮面面俱到。這是1890到1895年第二次從聖彼得堡傳來的報告，顯然沙俄政府在清政府大使許景澄（1845-1900）身上做了工作。

4. 從桌上到路上：中俄鐵路的幕後交易

俄國駐北京大使喀希尼在10月14日邀請總署談判，他告知總署俄國在接近滿洲的領土上修築西伯利亞鐵路，希望這條鐵路將來和中國計畫的滿洲鐵路接軌，俄國政府請求中國當局協助正在做測量的俄國工程師入境許可和協助[189]。喀希尼顯然試圖測試總署的反應，甚至造成可期待的「既成事實」（Fait Accompli）。

喀希尼非常驚喜他的請求立即得到批准。許景澄通知俄國政府，中俄兩國鐵路線在滿洲邊界接軌的計畫可行，中國政府派

遣工程師陪同俄國測量人員，共同勘測，中國將自行負擔自己這邊的工程。但在他發給北京的第二個電報中強調說，中國同意得「太快」[190]，將來很難遏止俄國做進一步的要求，會帶來困擾和更複雜局面，或許其他列強也會提出類似的要求[191]。

許氏的預測再一次正確。當維德得知總署同意協助測量，就提議如果中國缺資金，俄國證券公司可以貸款負擔中國滿洲鐵路的修築[192]。這個要求被許氏拒絕，許氏在致北京的上奏中說，維德的建議只是藉口掩飾其策畫將橫貫滿洲鐵路置於「俄國控制之下」[193]。11月間，一位俄國將領烏其雅克（Vochiyak），奉派到南京見兩江總督（江南、江西兩省）張之洞，瞭解在中國政府如何配合俄國鐵路的接軌點，和中國如何籌措修築經費，和英、美是否牽涉在內，俄國是否可以貸款給需要資金的中國等敏感問題。

張氏回答中國或許有兩個可能的路線修築接軌線：第一，由天津經張家口到俄國的恰克圖；第二，由山海關外開始，經瀋陽、吉林省和黑龍江再到恰克圖。至於財政問題，中國會考慮向外國洽借貸款。張氏注意到烏其雅克將軍對議中的第二線表示興趣，於是向政府建言如果在長城外和俄國鐵路接軌，則中國必須控制大連灣，中國可以坐享俄國大西伯利亞鐵路給中國帶來的利益。在同一天，李鴻章的親近僚屬李嘉敖向總署上奏，他預測俄國計畫興建的西伯利亞鐵路，可能有六條路線[194]。

（1）由斯特汀斯克（Stretensk），橫跨額爾古納河（Argun River）和興安嶺，繞過嫩城（Mergeu），跨黑龍江（Amur River）和海蘭泡（Blagoves-Shchemsk），北向伯力（Khabavosk）；
（2）由斯特汀斯克東向跨黑龍江和額爾古納河，越過嫩城、三

姓和烏蘇里線相接;(3)由斯特汀斯克東向跨過額爾古納河和興安嶺再向東南,穿過齊齊哈爾,越過松花江,進入朝鮮;(4)由斯特汀斯克起,東向跨過額爾古納河,經齊齊哈爾,跨松花江,經長春、奉天到營口。(5)由赤塔(Chita),南行300華里,跨鄂那河(Onon River),然後南東向越過凱魯倫河,東向穿過興安嶺,再過齊齊哈爾,跨松花江,經吉林、奉天(瀋陽)、營口到旅順。(6)由梅蘇瓦雅(Mysovaya)南行200華里,經恰克圖,過庫倫和張家口到天津[195]。

比較這六條路線,中國不太可能避開俄國要求修築鐵路走廊,李嘉敖堅持反對前三條,如果俄國擁有前三線中的任何一條,便很容易控制戰略要點,如滿洲的興安嶺和松花江,接著向華南和朝鮮前進。俄國不可能利用後三條路線作為戰略上的選擇,因為地勢平坦,無法建立軍事基地。中國最好自己先修築一條鐵路,如果先做,俄國便沒有藉口要求修築穿過中國直達港口。他最後建議修築第五條線,原因是:第一,根據地形和土質的情況適於修築鐵路;第二,工程費比較低;第三,沿線天然資源豐富,可開發經濟效益以維護鐵路[196]。俄國當時勘測用的是精確地形圖(Accurate Topographic Map),有軍方協助實地勘察協助,相對比缺乏三角測量技術的清政府測繪圖要精準,最終的路線選擇,還以俄方建議為準。

不難理解中國官員,包括上司李鴻章在內,在原則上是同意修築一條能接軌俄國鐵路的適當地點。因為除了保護中國本身利益,同時也不必受俄壓迫。一如總署致張之洞的電報中所示,可派遣人員到邊疆伴隨俄國測量隊工作,但暫時拒絕俄國貸款提

議。滿清政府此刻明白瞭解鐵路經濟工程技術問題和政治同盟已經捆綁，必須一起解決。

第五章

李鴻章出使歐美：密約的華麗序曲

走岔的西伯利亞鐵路
——《中俄密約》與國際政治博弈 1896-1970 on

　　本章討論李鴻章出使俄國,如何代表清政府簽訂1896年的同盟條約。上一章探討計畫修建東清鐵路的意圖已在兩國政府內部萌芽。如何將雙方的意圖實現必須彼此接觸。李鴻章出使歐美一開始從清政府組織上的觀點來看便不尋常。有趣的是,若由總署的意見形成來看這個旅程,又是最好的安排。

1. 肩負重任:李鴻章的任命與出使之旅

　　李鴻章過去的功績和資歷,使他成為滿清政府處理外交政策上不可或缺的人物。民間傳聞慈禧太后最寵愛的太監李蓮英,曾收了俄使喀希尼的賄賂,說服太后指派李鴻章出使俄國[197],但並未發現直接證據。從朝廷對李氏的態度來看,選派他做清朝全權特使,一旦決定便不容易更改。被任命當天,李鴻章曾以身體衰弱、年紀老邁為由[198]上奏請求解除成命,但僅僅兩天後便被駁回[199]。而副使邵友濂(1840-1901)以同樣理由上奏,則立被批准[200]。

李鴻章攝於1896年訪問英國
摘自維基百科,攝影者Russell & Sons, Mrs. Archibald Little (1903)

　　李氏已經七十四歲高齡,曾經簽署喪權辱國《馬關條約》,回北京後遭受辱罵,出行日本簽約時還被日本浪人開暗槍刺傷,臉頰中的子彈甚至都尚未取出,可以想像他不想再接受如今這項

吃力不討好的任務,但此刻他別無選擇。他迅速選擇隨從人員班底。其中包括官員、個人隨從、僕役、學生和外國顧問,全部三十三位[201]。總署考慮到李氏年邁[202]以及健康原因,諭令李氏次子李經述(1864-1902)隨行,但李氏堅持養子李經方(1855-1934)隨行,因其具有相對豐富的外交經驗[203]。翰林院侍讀學士張百熙曾嚴厲批評李氏推脫姿態只是假象,藉此試探他在簽署《馬關條約》後,是否還有政治影響和不可替代性,並斷定李氏狡猾精明地在利用國家危機,抬高自己身價[204]。

李氏以大學士的身分,被選派代表清政府參加俄皇加冕典禮特使,俄國方面極為高興[205]。俄國財政大臣維德向清廷駐聖彼得堡許景澄大使暗示李氏隨行扈從人數愈少愈好,以免引起大眾好奇和國際上猜疑[206]。李氏反認為欲蓋彌彰,未接受這個意見。李氏和總署大臣翁同龢在1896年2月16日舉行個人會談。關於此次出使,談到兩點:第一,朝鮮獨立;第二,和某一「外國」強權密祕結盟。資料顯示翁氏記錄此次會談「非常具體」[207]。李氏在十二天之後,往頤和園覲見太后,3月1日接到正式諭令出使俄國、德國、奧地利、比利時、法國、英國、美國、加拿大。皇帝下諭委任李鴻章為全權大使慶賀沙皇尼古拉二世加冕典禮,並和西方各列強加強關係。3月3日,他在龐大扈從簇擁下從北京出發。

李氏先去天津和上海,受到盛大接待和出遠門歡送。他在許多演說中備受讚揚,這趟旅行被讚美為一件偉大歷史事件。媒體觀察認為他是「身體健旺,精神飽滿」[208]。這種諂媚阿諛,好像沒有給這位老態龍鍾的政治家任何真正的快樂。甲午戰爭簽署《馬關條約》後,他已經半退休。臨時受命未能給他激情。李氏

深知他被重新指派此一特別使命,只是配合北京總署策略。英國駐北京領事卜克拉科(Beauclerk)在他1896年2月12日寫給上院議員薩里斯堡(Lord Salisbury, 1830-1903)的信:「大臣」顯然不期望在這一次訪問西方國家後,能夠活著回北京。「根據權威消息告訴我,他在攜帶的大批行李中,夾有一口散裝的柚木棺材料,萬一需要時,就可組裝起來使用。」[209]

上海出版的英文版《華北論壇》報導他出使聖彼得堡的主要文章中,有更細微描述:「他(李氏)現在是一位老人,享受了優渥的七十年高壽,但畢竟很難再接納新奇事物,對中國官場機會主義特別敏感。精神力量減退,身體保養持續增加,情緒敏感常為求中國和平而哭泣,盡可能休息延長他的剩餘時間。」[210]

3月27日,他前往新加坡。離北京前,李曾詢問喀希尼途經路線和使用的交通工具等問題,他原擬搭乘法國郵船「俄奈西蒙斯號」(Ernest Simons)由上海到亞歷山大港。在該港再搭俄輪,直駛黑海敖德薩港口,然後再搭火車逕往莫斯科[211]。原因是橫貫西伯利亞鐵路尚未完成,又無任何輪船可由上海直航歐洲。當他瞭解俄國輪船的噸位無法抵抗黑海中的巨風時,打算改變計畫[212]。喀希尼立刻回答俄國政府已經安排好行程,更改恐有未便,但保證安排妥當,他會有一個很舒適的旅行[213]。英國領事布克拉克聽到俄國為尊敬李氏所做的準備,便也吩咐英國在香港的同僚,當李氏到達香港時,要給予適當的禮節和關照[214],但李氏卻特意越過香港逕去西貢[215]。

4月22日,他到達敖德薩港,即隨吳克托木斯基親王(Prince Esper Esperovich Ukhtomsky, 1861-1921)[216]前往敖德薩市中心。

維德如此安排是讓其他列強無法半路阻擾[217]。這是李氏到達的第一個被沙俄皇家禮儀接待的俄國港口[218],專車把他送到聖彼得堡(蘇聯時期稱之為列寧格勒)。維德在回憶錄中得意地說:這個計畫和其他俄國大臣計畫不同的原因,是深怕李氏在尼古拉二世加冕典禮之前,受到其他列強的干擾而改變路線[219]。根據許景澄發給總署電報,指出李氏被邀請直接前往俄國首都,而不留在敖德塞市,的確是維德的策畫[220]。

2. 幕後操盤手:俄國代表維德的祕密檔案

歷史所發生的重大事件都不是偶然,沙俄政府與中國政府在結盟和修築鐵路動機上找到最大公約數,中方選出李氏,俄方也一定有代表政府對等的談判專家,他必須是職權高而且對建築鐵路有經驗的類似人物,俄國的塞爾各・維德正是最佳人選。維德1849出生於格魯吉亞(也是史達林的故鄉)省會提比里希,大學專攻數學,成績優秀,在克里米亞的敖德薩市政府鐵路部門服務做過底層售票員、運輸站長等相關的職位。俄土戰爭(1877-1878)期間負責莫斯科至敖德薩鐵路物流業務表現不俗,贏得尼古拉二世青睞出任財務大臣(1892-1903)。維德接任之前,沙俄國庫虛空,還欠法國外債,沙俄政府不控制發行紙幣導致通貨膨脹,國內缺乏生產力,遑論耗資建築大西伯利亞鐵路巨大工程。但他具有前瞻性經濟觀,仿英,學英法,實施俄國貨幣與黃金掛鉤政策,穩定金融制度,將烈酒(伏特加)國有化統一銷售,降低全國嚴重酗酒問題,卻能增加稅收。雖然反映有褒有貶,但沙皇全力支持。他也推動冶金工業、機械、化學、礦產,並在聖彼

得堡、華沙（波蘭還沒有脫離沙俄前）、基輔（烏克蘭沒有獨立前）等城市建立工業專科，培養技術人員，跟進西歐水平。

他應用數學基礎在鐵路運費率微調，讓更多的商品自由流通，最大經濟化，給政府帶來豐富的收入。在最終離開財長轉為首相大臣前，國庫平衡，且還有剩餘現金儲備。尼古拉二世對他非常信任，指派他做沙俄政府內閣第一大臣（首相）。俄國政府中有官僚，有不負責的事務性行政人員，也有凡事唱反調的政客。維德凡事講求效率，認真負責，在他之前提議建築穿越西伯利亞鐵路的不在少數，包括外國的金融投資家羅斯戚德（Rothschild）家族提議前財務大臣微申弗拉斯基貸款給沙俄政府，但都胎死腹中。十九世紀下半葉，全俄國的人口約七千四百萬，世襲的農奴占了三分之一。1861年，亞歷山大二世雖終結農奴制度，但未解決嚴重失業問題，糧食欠收，貧窮饑荒，百業待興，國庫艱澀，維德卻排除萬難，說服沙皇極力規劃和建築西伯利亞鐵路。沙皇言聽計從，亞歷山大三世及其繼承者尼古拉二世全力支持，維德才能放手一搏，1895年西伯利亞鐵路的中段，烏拉山經貝加爾湖北到璦琿得以完工。

維德的最終鐵路計畫是建造從西聖彼得堡穿越西伯利亞一直到東太平洋的弗拉迪沃斯托克（海參崴）港口，全長近5,700英里，比橫貫加拿大的鐵路還長900英里。中段雖完工，但與計畫終點海參崴仍有相當的距離。經過中國東北邊境的興安嶺地形勢多山崎嶇，工程困難，技術問題不易突破，且建築工人嚴重缺乏；如果按照原來路線，會與璦琿河流的水路交通重疊。如果從赤塔直接穿越中國東北，行經哈爾濱，連接海參崴，或向南下接

上中國完全不結凍的旅順,還可以省下500英里的鐵路距離,節省時間而且降低成本。藉此支線得以進入中國領域,這種規劃政策的先決條件必須有中國政府配合,還要有一個堂而皇之的名義和良好的時機。

龐大的工程當然需要整合原來一些私人融資建築的路線,如莫斯科至敖德薩段:維德利用俄國與法國財團的關係,得到足夠貸款做建築費用進行工程。根據《維德回憶錄》,許多官員覬覦工程中間的油水,沙皇亞歷山大三世和尼古拉二世都必須身兼大西伯利亞鐵路執行委員會主席監督。1891年時西伯利亞鐵路的西段尚未開工,而尼古拉二世已親自到海參崴主持鐵路終點的破土典禮,控制全局,投入工程人員40萬以上,費時12年,最終於1903年完成莫斯科經中國東北的東清線。

《中俄密約》的簽訂在後來歷史學家蒐集文史和整理期間,有一份重要的資料《維德回憶錄》曝光。維德1915年因腦瘤病逝,這本回憶錄是他1915年前在國外旅行和生病療養時候寫的。沙俄王朝1917年被推翻走向共和國之前,反革命社會思想氾濫,統治者與政府高官之間缺乏信任,沙皇因而設立祕密警察組織,監控大臣思想行為和紀錄文字。維德出身平凡,缺乏貴族血統,甚至還有部分德裔血緣,太太是猶太裔俄人。當時反閃族(猶太裔)

1905年沙俄財相維德畫像(Sergei Witte)(摘自「Spartacus Educational」)

風潮普及歐洲和俄國,維德預知死後可能會被抄家,檢查自己是否忠於沙皇的文件,因而告知其夫人將回憶錄文稿放在法國的貝洋(Bayanne)銀行保險箱,維德的事先安排使得回憶錄得以完整保存,成為留給後來的史學家做對比查證的第一手資訊。

回憶錄揭露出重要的細節,經過比對中國方面的資料,內容接近事實。首先,維德認為俄國政府對亞洲缺乏瞭解,批評前任的俄國外交大臣對亞洲的認識程度就像小學生,甚至分辨不出日本、韓國和中國之間的不同。其次,維德指出他與外交部長和戰爭部長有嚴重的觀念差距,他認為與中國結盟目的是維持俄國在遠東的勢力,和開拓經濟資源,並不是一味地仿效英、法、德擴充自己的殖民地領域。

膠州灣事件發生在《中俄密約》簽訂後兩年的1898年,德國兩名傳教士理查・亨利(Richard Henle,1863-1897,中文名韓理加略)和法蘭斯・哈維爾・奈斯(Frans-Xavier Nies, 1859-1897,中文名能方濟)在山東受害,原因是當地居民聽說傳教士拐誘中國小孩,摘其器官做醫療試驗,引起反外情緒。這本是民間刑事案件,但中英法《北京條約》的簽訂,讓傳教士在中國長期受到領事館的保護,購買土地,奪取私人資源,輕視中國宗教禮數,卻不受中國法律監督,民間仇視基督教情緒累積,怨恨轉移,因此怒殺兩人。以保護為由,德國政府派兵600人,藉口強占青島膠州灣,強逼總署簽約租借組膠州灣99年,並有權在山東修建鐵路採取礦產,簽署任務又落到李鴻章肩膀上。俄國戰爭部長庫拉柏丁藉口保護停在港灣中的俄國艦隊強占中國遼東灣(遼寧省),沒有告知對中國宣戰,居然大動作派兵2萬進入中國東

北,占領滿洲,完全沒有把清政府看在眼裡。總署臉上無光,動作無力,俄方此時提出向將東清鐵路從哈爾濱延伸至大連、旅順港,並租借遼東灣36年。維德不是出身國防或軍事部門,其專長是財務和鐵路,他不同意這突如其來的軍方企圖,認為這會破壞《中俄密約》的結盟精神,而且會給俄國帶來巨大不良後果,向沙皇反映無效。沙皇告知他其實早在1897年即已與德皇威廉二世(1859-1941)在德國會面時達成默契:德國決定占領中國的膠州灣(青島),示意沙俄可以拿下遼東灣。尼古拉二世告訴維德無須堅持《中俄密約》與中國的協議。維德聽後,決定辭職,但沒有被沙皇接受。《維德回憶錄》的警告在多年後看來還是有遠見的,因為這就是促發日俄戰爭的導火線。

《維德回憶錄》還透露有關行賄中國官員李鴻章和張蔭桓(1837-1900)50萬和25萬盧布,促成哈爾濱-旅順-大連支線建造。這是維德單方面的紀錄,無法證實。此時國際事件頻頻發生,滿清國內反外情緒及經濟貧疲,間接促成了義和團持刀棍暴亂,導致1900年的庚子之亂。統治者慈禧與光緒逃離皇宮,八國聯軍進入北京燒殺掠奪56天,滿清政府逐漸進入完全衰退期,李鴻章與張蔭桓介入的租借大連灣相對而言,已經變成細枝末節,留在後面章節一併討論。

維德1903年離開財務大臣職位,1905年5月晉升內閣第一大臣(首相),1906年5月俄國杜馬國會成立前辭職,俄國歷史學家對他的生涯評價襃過於貶,皆認他盡忠愛國,雖偏護沙皇,精於財政經濟規劃與執行,功在建設橫貫大西伯利亞鐵路,本書作者僅對以上意見認同。但對他主導大西伯利亞鐵路的支線東清鐵路後

牽動的國際政治和世界局勢，終遭境內大力反彈，拖垮羅曼諾夫王朝，推翻沙皇專制政權，連帶影響蘇聯和全世界後來的國際政治，不禁懷疑維德預言是否細思極恐，做了不可思議的預言家。

還有一關鍵點，維德在回憶錄指出，1904年間德國很期望俄國在膠州灣與日本對立，見縫插針，慫恿沙俄外長快速搶奪旅順港權益，不可對日本向中國的要求的旅順港權益有所退讓。維德警告尼古拉二世不要中了德國的離間計，後者沒有聽進，繼而爆發日俄戰爭，維德深為遺憾。關於日俄戰爭的後果，重讀《維德回憶錄》，日俄仍為朝鮮（今日南韓、北朝鮮），及庫頁島領土爭執不休，印證今日亞洲局勢動盪風雲，前因早已播種，不就是大西伯利亞的東清（中東）鐵路支線？

3. 暗流湧動：中俄同盟與鐵路談判的內幕

4月30日李氏到達聖彼得堡，他和維德相互禮貌拜訪，維德並沒有馬上提出中國讓予鐵路修築權之事，他知道和中國官員急速要求會被認為粗魯[221]。三天以後，維德提出了他的鐵路方案，但立即被李氏拒絕[222]。

李氏並非沒有理由，就在李氏到達俄國首都的當天，遠在北京的俄國大使喀希尼去總署強逼軍機大臣慶親王奕劻（1838-1917）、翁同龢答應橫貫滿洲鐵路修築權事，建議由私人公司接管築路工作。慶親王覺得不妥遂拒絕[223]，於是李氏接到上諭，若在莫斯科有類似要求時，應同樣對付[224]。這充分表示最後的決定權，不管是同意還是反對，仍是在北京總署。

維德認為如果李氏得知沙皇個人有此願望，或許會同意他們

的建議[225]。就在第二天,李氏得到沙皇夫婦在沙皇村(Tsarskoe Selo)隆重接見[226],但他們的談話範圍並未超出外交禮儀。他們第二次碰面,沙皇親自參加會談,按照李氏發出的電報,這次會議極為機密,沙皇藉口開檢中國所送加冕賀禮,此刻只有李氏養子李繼方在側參加。尼古拉二世表示,近來中俄關係大為改善,將來橫貫滿洲鐵路建成,便於軍隊運輸,對於中俄兩國皆有好處。考慮到修築這條鐵路,中國在財政和技術上都需要資助,建議由設在上海的俄華銀行(設立於1895年12月)與中國政府簽約辦理築路工程。如果英國或日本施予任何壓力,俄國願意加以協助[227]。

李氏感覺沙皇的建議,比維德的更直接地「考慮深遠」,因為話中隱含中俄兩國結成防禦同盟的可能性,這正是政府授命要他完成的使命。5月22日俄國外交大臣羅巴諾夫(Lobanov-Rostovskii, 1824-1896)、維德和李氏三人又舉行一次會議。到此李氏清楚了一件事:俄國只有在修築橫貫滿洲鐵路的要求定案後,中俄防禦同盟才有實現可能。因之,他向總署詢問:這兩件事密切結合一起,究應允行簽訂同盟條約抑或公司合約(承辦鐵路建築),哪一項優先[228]?

李氏必須讓總署決定他是否要繼續談判,因為俄國政府非常急迫知道中國立場,他小心翼翼地評估此決定可能引起的任何不良後果。我們可由英國駐俄大使奧康諾(Sir Nicholas Roderick O'Conor, 1843-1908)致薩里斯堡(Lord Salisbury)的報告中看出,奧氏曾在李氏和羅巴諾夫與維德會談後的第二天拜訪李氏。他說:「我在特使(李氏)的起居中蒐集了一般訊息,他在這裡

很不舒服，神經緊張不安，深怕俄國人逼他讓步。知道他不可能在同意俄國要求後，而仍保住他在北京的殘餘價值……我懷疑財政大臣（維德）能夠說服這個老邁政治家同意他們的草案（ad referendum）：俄國一方面對北京施壓必能得到北京的同意，而同時承諾他（李鴻章）不會因借地築路事而激怒北京。」[229]

李氏雖享有慈禧太后的信任，但在甲午戰爭以後損失了威信，有苦難言，不願再做不利國家的任何決定。在北京有權力的人們，沒有一個願意親自面對這種咄咄逼人的談判。中國為簽訂同盟條約可能要付的代價是修築橫貫西伯利亞支線通中國滿洲的鐵路，其中包括多少玄機和後果難以預測，所以李氏兩次拍發緊急電報到北京時[230]，首席軍機們、慶親王、總署大臣翁同龢，立即舉行會商，但「對主題仍然整理不出著頭緒」[231]。

北京決定的過程缺乏官方完整實錄，但《翁同龢日記》中記載，最大的祕密隱於總署和李氏的通電郵中[232]。北京不願俄國修築負責橫貫滿洲鐵路附帶的政治色彩，建築鐵路的功用是發展中國的商業和利於中國的交通，而中國必須有主控權。5月14日，李氏接到諭旨應當對俄提出下面三項條件作為簽約的基礎：第一，在任何軍事行動中，中俄應當互相協助；第二，兩國都應擁有在松花江和混同江上航行的權利；第三，中國有權在俄華道勝銀行投資五百萬盧布，成為共同股東[233]。

同日在聖彼得堡，羅巴諾夫和維德提出了單方面同盟和成立鐵路公司相互捆綁的合同草約[234]。俄國明示先給俄國鐵路修築權，否則同盟條約免談。李氏對草約並未反對，但在草約加了第四條：「這條鐵路和俄國鐵路接軌不能作為任何侵犯中國領土的

藉口,侵犯大清帝國皇帝的統治權。這條鐵路的修築和開發,應由俄華道勝銀行辦理,合同內技術條款應由兩國共同商討和議決。」[235]

第二天,李在拍發北京的電報中表示,他贊成俄國的草約,聲稱如果此一草約未蒙批准[236],建立與俄外交關係所做的一切努力和準備會遭受挫折。他也建議:「等條約簽訂後,再在北京討論鐵路細節事宜。」[237]他針對一個問題提出了兩個答案:接受利於中方的條款,去其不利[238]。

為博取使李氏信任,俄國政府多次安排他參觀兵工廠和造船廠。展示一萬兩千噸的新型戰艦「阿比興大將號」(*Grand Admiral Apraxine*)。俄國海軍大臣阿賴克斯公爵(Grand Duke Alexis Alexandrovich, 1850-1908)告知李氏,這是世界上從未建造過的最大戰艦[239]。李氏印象深刻[240],兩天之後,他回答羅巴諾夫是否能將草約中結盟期限能由十年延長至二十年[241]。維德表示這個要求可以商量,不過鐵路問題若未解決,俄國政府無意再做進一步的談判[242]。5月23日李氏接到北京諭令,說明中國政府並不同意條約中的第五和第六條,中國不承認這個同盟條約的先決條件是給予俄方鐵路修築權[243]。顯然,北京認為最好是把修築橫貫滿洲鐵路和簽訂同盟條約分成兩份平行條約。

俄方和自己政府雙方同時施壓,李鴻章的任務變得愈來愈艱鉅。如果同盟條約簽不下來,表示他的使命已經失敗,但簽署同盟條約,他又必須同意俄國築路的要求。敏感的英國駐俄大使奧康諾給倫敦的外交部報告中說:「他讓總署不滿意,回北京後就有麻煩。」[244]李氏和維德與俄外長羅巴諾夫的商談,很快就

失去禮儀氣氛，一如維德自己所描述的：「一切都是商業模式談判。」²⁴⁵

維德和羅巴諾夫瞭解也無須只為和中國簽訂同盟條約，而激怒俄國和其他國家的關係²⁴⁶。既然俄國無法避免與英國衝突，那麼和中國結成同盟也只是走個形式。此刻俄國尚未將日本視為強敵，維德和羅巴諾夫檢討過草案的第一條後，感到需要加以修改。把「每當由日本或她的盟國發起侵略時，不論攻擊俄國、中國或朝鮮領土，視為需要立即依照本約實施，把「她的盟國」字樣刪除²⁴⁷。日本的盟國，根據尼古拉二世在第二次會議中對李氏做的暗示，指的是英國。難以判斷李氏是否願意為這個更改爭論，但若和來自北京的壓力比較，重新考慮中國是否會對英採取敵對態度此刻變為次要，他確知同盟條約的先決條件是落實在俄方要求建築鐵路通過中國領土的合約上。

加冕日迫近，如果李氏無法按時完成和俄國的協議，他便沒有繼續留在聖彼得堡的理由。所以他請求北京盡速授權²⁴⁸。李氏知道他在國家安全、防禦和商業利益各項問題上，必須保持談判優勢，在此一範圍內，他的政府和他本人才能接受俄國提出的條件。計畫建造的東清鐵路不能成為雙方日後不快的原因，所以他斷然拒絕維德的建議：俄國財政部修築鐵路或把鐵路完全置於俄國政府的控制之下²⁴⁹。他堅持中國有權信託俄華銀行負責鐵路修築，至於合約的項目和條款，則由中國政府和俄華銀行雙方認可。李氏知道俄華銀行內中國尚無股份資金，若銀行遵照聖彼得堡財政部的訓令辦理，中國也無實力執行。所以建議中國將投入俄華銀行五百萬盧布，先作為修築鐵路頭期的一半資金。李氏認為這種做法，中國至

少能夠認購部分股權,和監督修築鐵路的權利。

俄國財政部估計修築鐵路的全部費用約為六千萬盧布,所需半數也非中國財力所能負擔,這可以解釋何以李氏並不堅持中國占中俄鐵路合股公司一半股東的原因;但把修築財政交給銀行或可繼續融資,將來可以贖回,而修築和開發鐵路的契約,將由中俄建立的鐵路公司董事局共同決定。

有關這些原則,北京政府仍然猶豫不決。李氏在5月24日告訴總署各大臣說,羅巴諾夫和維德皆堅決表示,第六條「不可更改一字」[250],雙方認權出資,總署似乎也無反對基礎,終在5月30日授權李氏簽約,同時諭令駐俄大使許景澄接洽關於鐵路公司的合同[251]。

1896年《中俄密約》簽署前後雙方代表團(右第四人為李鴻章,坐李氏邊旁的是維德)
照片來源:《維德回憶錄》。

從總署疾聲力呼不准同盟條約的單獨簽訂，必須與修築東清鐵路方案同步進行，到授權李氏簽約的這天為止，中間只不過一個星期。何以北京的態度，驟然有了轉變？有一個重要的原因，就是北京的各大臣們認為可以暫時擱下修築鐵路的技術問題，首先解決同盟條約問題，中國在以後的鐵路談判中尚不至於喪失所有股東權益。李氏在此時扮演委曲求全的關鍵性角色，他施加於總署的壓力就和他承受自總署的壓力類同。從整個過程看來，北京總署幾乎每天都透過電報知道李氏在聖彼得堡的談判細節，李鴻章並沒有獨斷獨行自己簽約，個人的過去經驗和資歷並沒有給他特權，他只代表清政府執行簽署。

從總署大臣翁同龢、軍機大臣、總署其他大臣，以及張蔭桓處理所有通訊翻譯與李來往的密碼文件看來，李此時身體不適[252]，或許使他沒有對條約內容做更進一步的細緻思考。更離譜的是，北京方面的確有官僚的輕忽失責和漫無效率，也束縛了李氏與俄國的交涉底氣。李氏在5月15日和17日兩次電報中說羅巴諾夫曾將同盟條約草案送給他並詢問北京的意見。5月18日，翁同龢邀請兩位軍機大臣慶親王和恭親王會商。不料，前者已去了戲院，後者則杳無影蹤，未說明原因。到第二日，北京總署仍然躊躇不決，無法提出任何具體建議[253]。

李氏簽約後在聖彼得堡尼古拉二世的加冕儀式中，受到特殊禮遇而感到陶醉。根據他在當天的報告，在所有的外國大使位置中，給他一個覆蓋著彩布寫著「吉祥」兩字的首席位子。另外一個插曲使他對俄國政府的誠意印象很深：俄國政府以差別禮儀對待日本特使山縣有朋（Marshall Aritomo Yamata, 1838-1922）[254]，有

意做出尖銳對比。李有了「俄國官員們已經疏遠他們（日本），只和中國發展密切關係的感覺」[255]。他認為俄國對於日本之對朝鮮和中國的企圖相當不滿，有意給日本大使難看。

軍機處致黑龍江恩澤將軍的電報中表示了這種觀點：俄國應允幫助中國並不是「空話」。日本在馬關之戰後對中國無情壓迫，和俄國態度形成強烈的對比。雖然日本政府對英、法、德三強干涉低頭，仍決定對中國毫不讓步，當李鴻章在馬關談判和約期間，日本狂熱分子還企圖刺殺李氏，子彈穿入面頰，驚險僥倖存活。日本已贏得戰爭，要求中國派代表赴日談判，但仍氣勢凌人，引起了中國和其他國家強烈抗議，哪有這種兩國談判刺殺來國大使的野蠻行為？與俄國尼古拉二世極為禮遇接待中國參加加冕典禮特使王之春（湖北布政使）的情況相比，中國戶部（財政副部長）侍郎戴鴻慈在他上奏做結論說：「俄國人和日本人的舉動之間竟有如此大的差別。」

加冕典禮後第四天，中俄雙方就條約中有關鐵路部分的最後草案達成協議，同意鐵路的合同應由中國駐俄大使和俄華銀行代表商談。同盟條約條文全文，很少更動，只有李氏把同盟期限由原定十年延長為十五年[256]。

1896年6月3日清晨，李氏在養子李經方和次子李經述，以及兩位隨員羅豐祿（1850-1901）及于式枚（1856-1915）侍從陪同下，前往俄國外交部簽訂條約。根據維德描述，經過檢定國書及檢閱兩份合約，均為法文及中文，李氏發現條文中的第一款並未如他建議做修改，亦即刪除掉「英國為中國及俄國的共同敵人」等文字。羅巴諾夫命令祕書更正。羅巴諾夫故作鎮靜，藉口先用

早餐,以延遲簽字時間,餐畢回返,錯誤已更正。李氏不再異議,因而在條約上簽字[257]。李氏已在原則上接受維德和羅巴諾夫做此更正的請求[258],如果維德試探是存心的,李氏在此時看出這種疏忽,其表現實屬非常負責。如果不是李氏的謹慎,那麼在盟約鎖定英國是潛在的共同敵人,因而將英國捲入,就將是雙方的責任,歷史可能又會改寫新篇。

4. 舉棋不定:李鴻章離俄後的策略轉折

雙方簽約後的後續工作並未完成,因為條約規定[259]立即商談鐵路的合同,所以李氏簽訂條約後仍然無法脫身。據英國駐俄大使奧康諾先生的觀察,俄國政府「對李氏大力施壓」[260],維德已將俄華銀行置於其政府的控制之下[261]。留下成立鐵路公司的細節:如何與中國簽訂合同以達到俄國單獨開發滿洲的獨家權利,合同中所有的條文都是為這個目的擬稿。

李氏離俄赴德前一天,奧康諾先生向倫敦報告說:「我注意到大學士(李鴻章)顯然十分疲勞和煩惱,他渴望快快離開,逃離困境。」[262]李氏繼續前往歐洲各國旅行,所以他把和俄華銀行代表羅斯坦(A. Ya. Rothstein)[263]所需後續工作命令中國駐俄和駐德大使許景澄處理。許氏駐節柏林,他並未參加李氏在俄國的密談,而且只在簽訂條約後受命和羅斯坦商談;他雖被任命為鐵路公司董事長,但董事會成員均為俄方指定,在商談鐵路合同方面,他無法約束董事會任何偏袒俄國的決議,所以只有不斷地和李氏與總署聯絡請示。李氏簽約後從歐洲到達美國並逗留一個月,1896年10月3日回到天津港,結束了為期四個月的旅行,這

是他第一次也是生前最後一次的世界旅遊。

當李氏把銀行與鐵路的合同草案轉送北京後，總署大臣翁同龢立即看出破綻而批評：

......開銀行事，此事與鐵路牽連，百方餂我，可恨，可嘆！[264]

李氏繼續訪歐時，總署的大臣們開始檢討合同的條款，主要有下列四個爭議點：（1）給予俄國政府輔助開發權和鐵路修築權；（2）俄國貨物免徵關稅；（3）鐵路最終所有權贖回期限；（4）採用俄國軌距標準問題。經過許景澄和俄國政府爭辯，雙方同意，只有修築鐵路所需要的土地才能轉交鐵路公司管理和免稅。公司有土地使用權，惟地下礦產除外。第二點，因為北京無意喪失鐵路帶來的收益，於是重點便放在關稅的爭論上。總署期望能從出口的俄國貨物上得到一半的關稅，但經雙方拉鋸式的討價還價，約定三分之一貨品可以討論。至於鐵路贖回期限，維德早已胸有成竹，使贖回鐵路「盡量為難」[265]，在草約中訂定在八十年後中國可以買回全部鐵路權，總署要求縮短為36年，俄國政府同意由開始通車起36年期滿時，可由中國買回全部鐵路，在此之前，中國擁只有低於1%控股權。站在中國立場，沒有經濟能力投資，用時間換取空間似乎是唯一的選擇。

第四點，採取哪種軌距爭執最為激烈。北京堅持未來的東清鐵路，須採用中國已經使用的窄軌距（4尺8 1/2" 英寸或1,435公分）。俄國寬軌5英尺（約1,520公分），只有在北歐的三小國拉脫維亞、立陶宛、愛沙利亞、芬蘭、烏克蘭、俄國控制華沙，和後來的蒙古共和國等地使用。除了一些特殊國家如印度、伊比利亞也用特別寬的軌距（1676,1668釐米），世界其他發展地區

如英、法、美國都採用窄軌（分）。俄國發展鐵路比英、法、普魯士（後來的德國）較遲，又與她們的關係時好時壞，彼此缺乏信任，如果選擇窄軌，等於開了大門讓法、德軍隊有機會直接入侵。俄國的廣袤土地，各種地形、河流、山脈和惡劣的寒冬氣候，採用寬軌的火車行駛起來比較穩重，與地形外貌接合。

滿清政府認為窄軌已受英國殖民主義要挾在中國的內陸和沿海使用，在同一塊土地上兩種軌道當然自我矛盾，不符合國防和商業利益：如果俄國無意出兵抵制日本遠東的軍事行動，或突然改變立場對中國採取敵意行動，中國可以輸送軍隊到北方邊疆，而俄國軍隊則不能運兵前往協助中國，鐵路修築權給予俄國考慮到它會對中俄雙方都有利益。如果俄國獨自負責這條線以及修築費用，採取窄軌和中國內陸已經完成的各條鐵路相接，中國會得到更多的商業利益[266]。對俄國堅持採用寬軌距的要求，必須杜絕以防後患。

但俄國具有強勢立場，一如條約內容所示，維德是把中國放在一個外交絕境上。維德知道北京並不一定會答應俄國所提的每一個要求，但相信許景澄大使沒有足夠權力，冒著毀棄整個條約的危險，去反對這個技術問題。如果他在這一點上反對俄國政府，便只有廢棄以前的政治協議。如果不用寬軌，而軍隊必須換窄軌車廂，費時費力，當需要時，俄國如何將軍隊送至中國內陸協助中國抵抗日本？維德的堅持態度使總署的大員們感到無奈卻無法抗辯。他們認為俄國鐵路在邊界上和德國、奧國的鐵路接軌並無困難，何以在中國就如此困難？為了澄清這一點，他們要求李氏給一合理解釋或提出解決辦法[267]。不過總署兼軍機處大臣翁

同龢在北京已意識到這會是一個不會成功的談判[268]。

李氏的回答,極其含糊。第一,他斷定德奧兩國的鐵路在國界上和俄國的寬軌不能接軌,並不純為國防考慮。俄國要求是通商經濟考慮,無論從哪一方面著想,中國都無憂慮的必要。因為要解決運輸軍隊牽涉的是技術問題,如果真有需要,換窄軌車廂只須幾個小時就能解決。最終李氏強調維德是一個急躁和頑固的人,這個同盟條約不能因他而毀棄,中國政府仍可在36年後收回鐵路所有權後,從寬軌改成窄軌。很諷刺地李氏的預言在後來得到部分體現,卻不是中國主動。1904-1905年日俄戰爭後,東清鐵路的南段南滿線,哈爾濱經寬子城(長春)到大連灣寬軌路線換主被日本接收,日本於1907-1908年先將此線變更成日本特別窄軌(1,067mm),爾後將此線完全改成國際標準窄軌(1,435mm)。

北京的大臣們為這個答案所煩惱,1880年唐山－胥各莊線開始修築後,李氏是中國第一位建議全國採用四呎八吋半(1,435mm)軌距作為標準鐵軌的人。但是他簽署的密約和成立的東清鐵路公司卻和自己原有的鐵路計畫完全抵觸。他雖懷疑等到三十六年後,中國收回鐵路時,很多硬體都已成形,是否能有效地做軌道調整。雖對維德的威脅感到反感?但若是堅持採取窄軌,俄國便會取消條約,他對這項這更感憤怒[269]。「俄國逼人太甚」,一如翁同龢所說,「確信俄國人將對中國背信,《中俄密約》本身就是連續勒索之源」[270]。

總署仍要李氏再做最後努力與俄交涉,李氏此時身在英國,無法親自和俄國人談判,只好請在莫斯科時的俄國顧問格羅特

（Victor Grot），轉達北京方面的想法。然格羅特在離開上海以前，便被俄華銀行經理羅斯坦收編為高幹，在整個談判期間，他始終都是為俄國工作。許景澄發現俄國在此事件上絕無絲毫退讓的意思，把這事原委報告北京總署。李氏這時注意到日本特使山縣有朋已經策動和俄國的另一種政治結合，中國曾為鐵路合同幾乎和俄國爭辯了三個月，俄國正在尋求另一個同盟國[271]。總署各大臣一直堅持不變，訓令許景澄只有在軌距問題符合中國的利益情況下，才簽署合同[272]。這個二選一的軌距問題繼續爭辯不休，直到8月17日[273]，許氏被俄國官員嚴拒。

五天後，總署最終屈服，訓令許在合同上簽字[274]，條約正本由李氏私人的一名翻譯塔克什訥由俄國帶回。8月26日翁同龢遞呈光緒皇帝形式上過目，並在第二天光緒皇帝正式背書[275]。中國和俄國就俄華銀行所擬訂的鐵路公司合同，由許氏和銀行代表於8月28日在柏林簽字，鐵路公司合同在9月8日完成[276]。這一個軌距的問題，並未因為簽完條約後結束。六年後（1903）東清鐵路完工，行駛了四年，日俄戰爭（1904-1905）爆發，俄方失敗，美國介入調停，南滿鐵路管轄權易主，1907年日本將它重新調整成為窄軌。中俄雙方都沒有料到1896簽的有關軌距的標準，十一年後就出現反轉，俄國方面失去原計畫中的大連、旅順港的使用權，中國方面只統一南滿線與與關內的鐵路軌距，但卻失去自由支配運輸權。東清線南滿支線由日本控制，東清（中東）線則仍在俄國控制中。1897至1935年期間，中國東北仍有兩種鐵軌標準，寬軌和窄軌，直到蘇聯出售中東鐵路後，日本（滿洲國）才將東北寬軌地區全部統一改成窄軌。

東清鐵路哈爾濱至海參崴線，至今已經一百多年。二次世界大戰在1945年結束時，蘇聯進軍中國東北，再度取得南滿鐵路，再次將窄軌改為寬軌。自1949年中國已經拿回所有權／自由支配運輸權，中間經過日本偽滿洲國的介入管理，日蘇共同管理，而最終轉至中國政府。綜合考慮經濟、效益和安全因素，中國與俄羅斯的貿易仍可繼續進行，國防的考慮也由陸地轉向海上和航空，一段時間中國貿易必須與俄羅斯全國接軌，改軌沒有那麼積極。寬軌（1,524mm）改成標準軌（1,453mm）工程陸陸續續，直到1960年代之後，才完全竣工。中國東清鐵路的寬軌成為歷史，留下來為寬軌設計的火車頭在哈爾濱、瀋陽、長春各座博物館中成列展示，長久保留為歷史做見證。

5. 模糊遊戲：李鴻章曖昧行動的解讀

俄國歷史學家羅馬諾夫（B. A. Romanov, 1892-1957）根據俄國財政部未公布的公文檔案報告《李鴻章基金》[277]，說維德答應付款給李氏，作為鐵路修築權商談的基礎條件。簽訂條約的第二天，財政部羅斯坦親自起草的另一個議定書，由尼古拉二世批准三百萬盧布以「鐵路修築費」的名義，由未來成立的中國東清鐵路公司、俄國官派的銀行與清政府成立了「中國遠東鐵路公司支付，分三時期：第一期一百萬盧布，在皇帝下詔，確認俄華銀行有租地權和議定中方租讓文件時；第二期一百萬盧布，在租地契約簽字和中國當局確認鐵路路線；第三期一百萬盧布，在鐵路修築完成時。撥付這筆錢是付給他協助合約談判費，議定書保證這筆賄款將按照條款所列條件交付給他[278]。

羅馬諾夫根據報告說，羅斯坦（Rothstein）和親王吳克托木斯基（Prince Esperovich Ukhtomsky）支付第一筆款項的一百萬盧布的適當時間是「中國改變主意」——就是在許景澄和俄華銀行簽訂鐵路契約以後。維德認為在鐵路修築前或對李氏還有進一步的要求之前，不必急於付款[279]。第一次付款，是由吳克托木斯基親王辦理的。他在1897年2月代表俄國去北京拜訪慈禧太后和光緒皇帝，隔了三個月後，在5月他把賄款交給李氏。李氏「已等得頗不耐煩」[280]。至於後兩次的兩百萬盧布，李氏並未收到[281]。羅馬諾夫下結論說：他對俄國要求的軌距問題，以及俄國鐵路公司的成立等交涉，都是因為錢的關係[282]。

這些論點必須澄清，首先這是俄國單方面的資訊，沙俄時代的檔案至今仍沒有完全公開，讓國際學者參閱確認，無出款證明和議定書的版本可查，也無其他第一手資料佐證。第二，1987年2月吳克托木斯基抵達北京後三個月才見到李氏，當時李氏仍在職來往天津、北京之間，不可能三個月見不到人。第三，關於鐵軌問題，總署在1896年8月就已經妥協，許景澄早已簽約，按照羅馬諾夫的報告，李氏在1897年5月以前[283]（他回到天津七個月以後），並未收到所謂的第一批款項。吳克托木斯基是1897年5月才見到李氏，俄方既稱付賄款，怎會近九個月才做第一次付款？第四，財相維德退休前在歐洲寫的回憶錄中說絕對沒有行賄李氏的作為，第一手資料直接打臉俄國羅馬諾夫的結論。

李氏果真為了金錢的回報而對俄國的要求屈服？他真需要錢嗎？他一向自我期許愛國主義和忠心，和他以往三十年來對建築鐵路堅持的認真精神符合嗎？如果他不接受任何賄款，前面敘

述的中俄交涉會有不同的結果出現？筆者認為不會。《李鴻章基金》報告是否為俄方掩飾帝國主義巧取豪奪一種自我開釋的文件。在這份報告公諸於世之前，我們無法指證李氏受賄。

然對李氏的某些指控卻不是無中生有。當他任北洋大臣時，曾利用他在中國招商局的部分股權，而獨攬運輸漕米和政府供應品。他曾因介入販賣鴉片貿易而增加了一些財富[284]。《青年中國報》經常以他的財富與和珅（1750-1799）相比而大肆批評。和珅是乾隆朝代貪污數千萬的內閣大臣（1770-1799年）[285]，可以想見他有多麼富有。當然李氏豐沛的個人財富，不能說服控告他的人他不想再多斂財三百萬盧布。李氏在南京、上海、天津等地連續數任資源厚實的職位，理論上他還不至於為這筆相對較小的款項牽制如此重要的合約。如前述，最後李氏必須得到總署全面的評估和首肯，才能簽下《中俄密約》。

英國駐北京外交官基洛爵士（Sir Valentine Chirol, 1852-1929）在他的《變換世界五十年》中，說慈禧太后不滿意李氏和俄國所訂合同中的條款，直到李氏呈獻給她八十萬金幣以前，都不願意接見他[286]，這也是一種猜測。李氏為討好慈禧太后而奉上的錢財，不可能是由吳克托木斯基手裡拿到轉送的，這缺乏直接相關性。即使基洛爵士所述值得相信，而李氏錢款的來源是什麼，無法探知。因為沒有證據，說是李氏為了討好慈禧的歡心。因為這八十萬金幣價值遠多於九個月以後才收到的一百萬盧布。

由於缺乏明顯的證據，對於李氏的誠信必須持謹慎態度斷言。李氏只是為錢而給予俄國鐵路修築權的臆測，是刻意簡單化問題。最直接的第一手資料來自談判對手俄方維德的回憶錄，維

德說過「絕對沒有這一回事」。除非有更進一步的直接資料公布，揣測妄下結論即違背歷史真相。

6. 出使評價：偉大的外交家還是失策的棋手？

　　李氏出使俄國的任務在正常中國外交史上是不可能出現的：第一，李氏在莫斯科簽的條約是滿洲政府從1840年代起和西方列強接觸以來中國和外國所簽訂的第一個同盟條約，也是中國和俄國交往近二百年來中國和俄國所訂的第一個結盟條約[287]。第二，這是李鴻章第一次前往俄羅斯、歐洲、美國和加拿大的全球之旅。李氏處理外交事務幾達三十年（由1860年代到1890年代），之前他只出國一次，即中日戰爭後他前往日本馬關簽訂賠償條約。直到1896年，七十四歲的他之前從未去過美國和歐洲，這是一次嶄新的個人經驗；但對清政府來說，派遣特使代表中國全球拜訪雖非無後，但絕對空前。李氏的政治生涯跌宕起伏，多彩多姿，中國歷史的沉重包袱落在他肩膀上，集辱罵與推崇於他一身。第三，李氏的任務極為機密，涉及這個事件的許多舉動，都是在祕密氣氛下操作進行，但就後來各種當事人的回憶錄、電報和外交檔案來看，實乃特定軍機大臣和總署各大臣都有參與及這個密約的討論和決策。

　　李氏在離開北京前，覲見慈禧太后和翁同龢，避免雜音也無其他官員在場。他的旅行俄國路線是由俄國公使喀希尼和他兩人親自安排的。李氏經俄國發回的電文密碼，並不是經由正常的章京－軍機的譯員們翻譯，而是由軍機大臣翁同龢與總署大臣張蔭桓親自操刀[288]。李氏停留俄國期間，李氏和北京間的所有通信，

都以極機密的方式保存在養吾堂——只有皇帝可以保管的最機密的外交檔案[289]。整個事件的討論，在中國方面只有慈禧太后、光緒皇帝、六位總署軍機大臣慶親王、恭親王、李鴻藻、榮祿、剛毅和翁同龢參與。並沒有其他任何一般官員參與其事，包括駐俄大使許景澄在內。密約簽訂後，條約原本則由李氏一名私人隨員由莫斯科專程帶回北京，並由翁同龢親自奏呈慈禧太后，之後便保存在慈禧太后的起居室中[290]。

滿清政府意欲掩蓋的祕密，反而引起了國際上猜疑，李氏處境極為尷尬。當1895年5月王之春被清政府首次派駐俄國，參加被刺殺而死的沙皇亞歷山大的葬禮時，英國已意識到中國正尋求與俄國的政治性結合。李氏被選派出使俄國，猜疑便開始散播。天津的英國領事哈特（Robert Hart, 1835-1911），幾乎確定李氏在安排某種與俄結盟計畫[291]，但無法知道確切內容。英國和德國的報紙，逕行報導李氏的使命，具有詭異性質[292]。

所有這些國際間的猜測沒有任何直接證據，因為在1910年[293]所公布的正式條約全文並不正確。如有任何人洩露條約全文，除非是李氏本人。李氏的私人醫生英人埃爾文（J. O'Malley Irwin, 1875-1951）有可能把消息傳給英國駐北京的領事館。駐聖彼得堡的英國大使奧康諾很高興知道埃爾文醫生雖遭法國嫉妒，反對英國獨占資訊來源，卻仍繼續擔任李氏私人醫生[294]，因為他和埃爾文「特別熟識」[295]。中國方面也覺得埃爾文侍候李氏，有可能因而洩露給英國新聞界[296]，不過這也是揣測，缺乏證據。

李氏離北京前，諭旨就他旅行之便，探討歐洲列強對於中國計畫修正海關稅的反應。滿洲政府多年來為訂定新稅率爭議不

斷,難以擺平各國之間的差異。李氏這次的旅行恰是良機可以越過大使,直接與各國元首親自交涉。俄國政府只關心鐵路的修築權,不在乎空口說白話,去奉承李氏為改革關稅的請求[297]。在德國,當李氏談判這個問題時,威廉二世和外務大臣馬薩爾只做簡單要求,在遠東設立一個基地,和由上海－南京的鐵路修築權[298]。

在法國,李氏的關稅提議雖被接受,但法國政府要等在北京的蓋拉爾德(M. Gerard)的最後評估(Quid Pro Quo)[299],在此之前不做任何建議。李氏在英國更受挫折,英國外交部門同意讓中國提高10%關稅,而且提出更多其他要求[300],以致最後增加關稅變成得不償失毫無意義。李氏曾經允諾英國政府,如果他的要求獲得同意,便核給一條主要的鐵路修築權。他要求俄國抵制日本,另一方面,則在關稅問題上探測英國的反應。鐵路修築權和關稅調整,便成了總署和李氏與歐洲殖民列強諸國的兩個談判主軸,與俄同盟則是談判主軸中的主軸。

第六章

一條鐵路，四國命運：
東清鐵路改寫東亞格局
（1896-1970）

1. 走岔的鐵路：大西伯利亞鐵路改道的歷史巨變

俄國鐵路發展原先落後歐美，沙皇尼古拉一世（1796-1855）在行政官員和顧問的建議下，對建築鐵路產生興趣。最初的一段鐵路起站於西邊的聖彼得堡至莫斯科的400英里，開始建築時由於資金需求，私人資金介入，鐵路開通後帶來效益，使得沙俄政府漸將鐵路集中管理。鐵路開拓之前，因為物流成本昂貴，很多俄國的農產品價格，還不如從英、法海上進口來得便宜。而鐵路建築完工後，俄國的農產品價格平民化，銷量增加，農民生活獲得改善。鐵路的沿線地區土地價格也收益，商人願意投資礦產，大眾願意消費皮貨雜物等，發展鐵路的計畫得到沙皇肯定。聖彼得堡到華沙線（十九世紀前半葉仍是沙俄的勢力範圍）的支線開闢擔負了軍事任務，華沙曾經發生反俄運動，沙俄政府迅速利用鐵路派遣軍隊平亂。投資鐵路第一階段在經濟和政治上的回饋，得到沙俄政府的肯定。

尼古拉一世本人對鐵路建築有極大興趣，他甚至親自參與規劃和提出意見。利用集權中央的影響力，促使官員認真辦理。1855年他過世後長子沙皇亞歷山大二世（1818-1881）繼位，積極修築從波羅的海至黑海的鐵路支線，主要目的是增加俄國南部領域塔什干種植棉花的經濟效益，軍事上考慮運軍隊至克里米亞制約英國的殖民主義擴張。1861至1875年的十四年間，以莫斯科為樞紐的西伯利亞鐵路西端大致成形。1879至1888年期間，沙俄又加建裡海（Caspian Sea）鐵路，鞏固俄國在中亞的戰略地位。俄國與英、法、土耳其、奧圖曼和薩丁尼亞（意大利前身）在克里

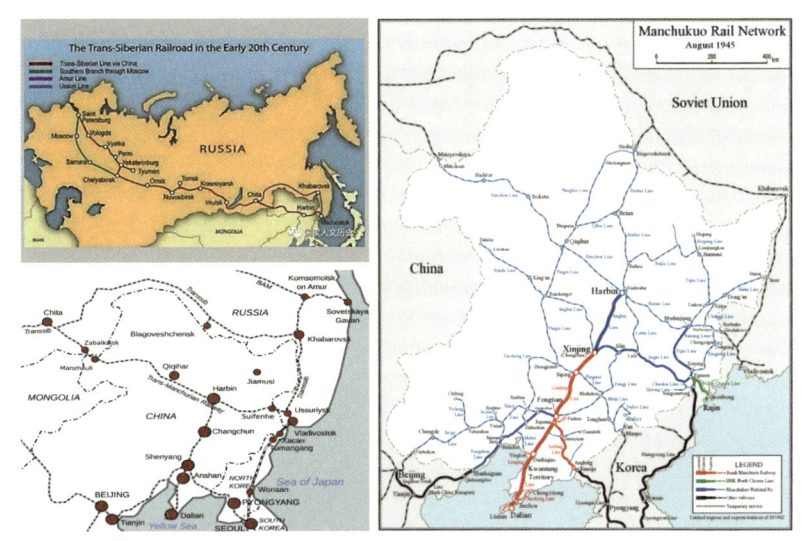

左上：大西伯利亞鐵路和穿過中國東北的東清鐵路1913年
　　　資料來源：*Trans-Siberian Express History*
左下：東清鐵路和南滿鐵路1913年 Google Map
右：南滿鐵路（和哈爾濱－瀋陽－奉天－大連－旅順）1931-1945年Google Map

米亞的爭奪失利，將巴爾幹半島的管轄權割讓給奧圖曼帝國的莫爾多維亞（Moldovia），建築鐵路受挫。

　　西伯利亞過去三百年間，交通不便，天氣寒冷程度超過北美洲的加拿大，變成政府放逐政治異議者和罪犯懲罰去處，是平民百姓聞之色變的敏感詞。天高地遠，政府管理也不到位，貪污腐敗的行為時有所聞。缺乏效率加上衛生條件極差，疫病流行蔓延，人均壽命頗短。貝加爾湖以西平坦人稀，以東有沙漠、乾燥高原，貝加爾湖南北座向，從湖北至璦琿河和興安嶺地區高山阻擋，苦無通往太平洋彼岸之路。烏拉山以東至太平洋廣袤的土地面積相當於北美洲，加拿大和阿拉斯加的土地總和，看似地

走岔的西伯利亞鐵路
——《中俄密約》與國際政治博弈 1896-1970 on

大物博，若不開發實際利用價值等於零。但開發成本又高，天候酷寒，缺乏聚集人煙的城鎮。歐洲人（包括俄國人）對西伯利亞的印象就是寒冷冰凍，事實上西伯利亞的南端部分也有濕熱的夏天，但在十九世紀前幾乎無人認真地看待這個地區。原來屬於沙俄的阿拉斯加也在1867年以720萬美元賤賣給美國。直到1892年的財務大臣維德掌政之下，說服沙皇尼古拉二世，確定開發西伯利亞，因而制定了往東開發大西伯利亞鐵路的政策。

大西伯利亞鐵路從過去到現在都是世界上最長的鐵路，橫跨歐亞兩洲，從東到西約九千多公里，目前數條支線通過蒙古，到達中國、朝鮮。最早從1900年間修建，在沙俄政府的推動下，由西向東建築。過去依賴河流運行蒸汽船運輸，寒冷冬天河流結凍，一年有五個月時間無法進行任何經濟行為，遑論有效的行政管理或開發。基於嚴格控制傳統農奴制度，除非特准，人民沒有旅行權利和自由，也無現代化公路提供運輸服務。大西伯利亞鐵路建築的概念，類似中國唐宋時期的絲綢之路，一方面是促進城鎮之間貿易，帶動經濟，一方面開發廣大土地的資源。沙俄政府鑑於歐洲、美國工業發展迅猛，和建築鐵路帶來的附加價值，傳統馬車運輸模式必然走入歷史，如何迅速開發大西伯利亞的鐵路刻不容緩。

西伯利亞鐵路的中段（鄂木斯克至赤塔）建築，面對極度困難和考驗。橫渡2,200英里的西伯利亞，必須繞過世界最大的南北座向的貝加爾淡水湖。此湖面積約12,248平方英里，南北長395英里，鐵路繞到南邊後再轉向東，還必須先蓋橋經過很寬的安哥拉河（Angara）。貝爾加湖的南段地形特別崎嶇，數百條橋樑和隧

道，低溫刺骨的天氣造成惡劣的工作環境，很多工人缺乏前往的意願；夏天雖工時略長，工人卻被要求做長達十四小時工時。天氣寒冷，工人酗酒取暖，犯罪肇事頻頻。冬天日照時間很短，只能趁天明亮時墊枕木鋪軌。夏天蚊蟲常造成傳染疾病，醫療器材和醫護照顧普遍缺乏。西伯利亞大平原河面寬敞，春天冬雪融化後河水激流將草原灌溉成沼澤湖泊，不易鋪軌搭橋。造橋危險又容易造成工傷或死亡。西伯利亞沒有高山，無須開拓成本更高、人力更多的隧道工程。

　　工程所需要的材料和運輸曾經一直是難以克服的問題，當地生長森林木材（如樺木）硬度不夠也不耐磨，需要高緯度地區的松木（落葉松、花旗松）。有韌性的木材須經過油浸後防止腐爛，放在鐵軌下增加鐵路滾輪滾動時的平順和穩定性，而運送這些木料，必須依賴馬車或河流中的拖船。材料的匱乏和運輸材料的時間緩慢，影響工程的經濟考量，在很多地方都省工省料，這影響了西伯利亞鐵路之後需要長期修補，承載人員和貨運的效率都大打折扣。建築工程的偷工減料難免，引起火車班次事故頻發和極度延誤。1901年單年的統計就有五百多次，造成百人傷亡。大部分的鋼材和火車頭從美國進口到聖彼得堡，長途跋涉運輸到西伯利亞。巨長的鐵路線需要維修和建築乘客車站，規格儘管並不一致但每100英里左右建築一站。按照地區的人口聚集和商業活動，或特殊地形，建造學校發展教育，甚至考慮宗教上的需要，加蓋東正教的教堂和聚會所。鐵路的發展除了商業和軍事用途，也有文化價值，符合鐵軌路線和自然環境。

　　鐵路承包商提供給建築工人的待遇每個地方不均等，食物

質量和份量也有差別待遇，機械設備普遍缺乏，常以低水準的人工替代，以至於經常引起抗議和暴動。人力來源基本上來自建築地區的農村游牧民族，缺乏熟練的技術和學習意識。俄國政府動用西伯利亞監獄的犯人加入建設工程，通常工作一年可以換取減刑，這種誘因有效補足了人力。為了防止犯人工作時逃跑，遂將其編成小隊，如果有一人逃脫，連帶全體受罰不得減刑，犯人群組不願因同組人脫逃而受牽連，因此緊密地彼此監督。

俄國軍隊在平時也協助加入工程。粗略統計，工程人數共數十萬，竣工前後大西伯利亞鐵路公司變成了沙俄最大雇主。《中俄密約》達成協議後，中國滿洲地區工人添加人力資源，工程進度加快。鄂木斯克到赤塔（Chita）的中段大西伯利亞鐵路，在君士坦丁・米開洛夫斯基（Konstantin Mikhailovsky, 1834-1909）總工程師領導監工下，以每年200英里的建築速度下竣工。而這個時段的西伯利亞鐵路東段建築工程才剛剛開始，速度慢，效率低，它的長度和建築工程都是世界上最難的。俄國從美國進口數百輛技術先進的火車頭，其他部分則使用俄國自製的材料和設備，工程自主俄國化。

《維德回憶錄》中提及，俄國在計畫將西伯利亞鐵路通過中國哈爾濱再接俄國東邊海參崴港口這條東清鐵路線，雖然省時省力，但通過中國領土，沒有把握控制或殖民地化，畢竟在歷史上不曾有過自己出資在別國領土上修建的前例。1894-1895年的中日戰爭暴露了中國的衰弱落後，又亟需獲得政治、經濟外援。這雖是俄國一廂情願的想法，但中國仍是人口大國，是否能強搶仍須謹慎。殖民主義的歐洲其他大國也虎視眈眈地看著亞洲這一塊大餅，俄國雖然地

域遼闊，但比較英、法，德的工業、軍事水平仍有差距，也頗多顧忌，深怕自己的想法被看穿，引起反彈或干預。

李鴻章代表清政府擔任特使，參加了1896年尼古拉二世的加冕典禮，同時簽訂了《中俄密約》。俄國原先命名這條鐵路為滿洲線，由於李鴻章堅決反對，認為日本侵華企圖要將中國東北領域從中國分出去，如果稱之為滿洲鐵路，等於間接承認把東北領域去中國化。最後中俄雙方同意改稱東清線（西伯利亞的遠東部與清朝合作開發的支線）。大西伯利亞鐵路在赤塔到涅爾琴斯克（Nerchinsk）的車段途中，分出支線經過中國東北齊齊哈爾，進入哈爾濱，再分支線A（東清線，俄語中東線Китайско-Восточная железная дорога），一支連接俄國海參崴，另計畫一支線B，經過中國東北的滿洲里、齊齊哈爾、長春、瀋陽到達大連。俄國企圖將中國東北，像蒙古一樣劃入自己的殖民領域。其次建築哈爾濱延伸到綏芬河直接到海參崴線。A線是規劃中的東清線，B線是1898年延伸後稱南滿支線。

1896年《中俄密約》簽訂後，俄國官派的銀行與清政府成立了「中國遠東鐵路公司」，次年8月開始動工，耗時六年，1901年B線南滿支線搶先完工；赤塔經哈爾濱到海參崴的A線，於1903年7月竣工，全線通車。值得注意的是南滿線完工在西伯利亞大鐵路阿穆爾區段之前。這一段繞過整個中國東北，與海參崴由東向西的鐵路工程接軌，十三年後，全線工程於1916年竣工通車，西伯利亞鐵路在亞洲就分成兩大路線：（1）阿穆爾經烏蘇里至海參崴線；（2）赤塔經呼倫貝爾、齊齊哈爾至哈爾濱至大連兩條主要幹線（東清線）。引起日俄戰爭的竟然是東清線的支

走岔的西伯利亞鐵路
——《中俄密約》與國際政治博弈 1896-1970 on

線南滿鐵路（哈爾濱至大連、旅順），路線還是單向的，雙向交通的複線仍在施工中。

大西伯利亞鐵路的修築一直到1980年代才進入現代化，從1880年到1980年，蓋蓋停停，修修補補，苦心經營始漸入佳境。1904-1905年日俄戰爭影響了它的建造速度，更重寫俄國此後的百年歷史。另外值得一提的是目前中俄邊境的綏芬河市，她已經變成了邊界重要的鐵路轉運站，連接俄羅斯與中國的交通，人口增加，地理位置雖然重要，成為東清鐵路建築後百年歷史城市，離太平洋的海參崴還有170公里距離，如果1860年《中俄北京條約》沒有將海參崴和庫頁島割讓給沙俄，仍然屬於中國，綏芬河市或許只是東清鐵路路過的一個地區，而不會變成東北被日本占領時對付蘇聯的一個邊防城市，中國的東北也不會只有一個旅順、大連的出口港口，影響整個地區的經濟和政治發展。回顧這段鐵路歷史令人深思。

蘇聯史達林時代迫害數百萬集中營的政治犯當奴工，俄裔文學作家索忍尼辛（1918-2008）的諾貝爾得獎巨著《古拉格群島》（俄語《Архипелаг Гулаг》，古拉格Главное управление лагерей 意即勞改總營）書中描寫得血淚斑斑，淋漓盡致。二次大戰結束，蘇聯將數十萬俘虜的歐洲德軍和亞洲日本關東軍，發配到西伯利亞修護建貝加爾湖－璦琿－卡巴洛夫斯基區支線（約2,600英里），與大西伯利亞鐵路東段平行，由於缺乏食物醫療補給，僅10%的奴工活著離開西伯利亞。這條支線耗資龐大，在1970年代連續占蘇聯的國民總生產1%。政治罪犯修築鐵路的慘劇招來國外一片責難，蘇聯首相布里茲涅夫（1906-1982）後將鐵路的工程交

拖蘇聯共青團執行，克服技術困難將貝加爾湖至璦琿山脈途中全年長凍地區轉為良田。

大西伯利亞鐵路的建築是在沙俄和蘇聯政府管轄下完成的，參與者除了沙皇本人、維德財長、蘇聯政府最高領導、部長、鐵路工程師，還有外國資本家、顧問、農民、工人、政治犯、罪犯、軍人、戰俘、青年。如果按照人種計算，有俄國、東歐、捷克斯拉夫、歐洲猶太裔、德國、中國和日本等，大西伯利亞的鐵路與政治掛鉤，每一段的建築都帶著血淚歷史，觸動悲情。

大西伯利亞鐵路迄今進入二十一世紀，不停建造和精進，從燒煤的蒸汽車頭，轉變全電器化，變成現代化的運輸工具運送著千千萬萬的貨櫃，橫貫西伯利亞的觀光列車，吸引著全世界旅

運送建築東清（中東）鐵路的工人和物資
（筆者攝於哈爾濱鐵路博物館，2024年10月）

客，雙向行駛，欣賞著廣袤的草原、沙漠、湖泊、河流、山脈各種地貌。在很多公路尚未完全細緻化和聯網通車之前，它已是西伯利亞的大動脈。鐵路的各個車站和列車的設施品質不盡相同，卻無礙它的重要性，它打通了俄國歐洲與亞洲的屏障，融合和平衡了各個地區不同種族的生活形態。它在二次大戰中提供了西部俄羅斯所需的資源，作為自然資源轉化成工業化的輸液管，對蘇聯贏得二戰起了決定性作用。

今日回顧大西伯利亞鐵路的成敗因素，必須探討最影響俄國政局一條跨越中國領土的支線，當時在工程技術缺乏、資金困難的情況下，沙俄當局輸入了政治血液和戰爭基因，加入殖民主義行列的掠奪行列。1904年在準備不足、輕敵大意與日本開戰，導致俄羅斯命運劇變，沙俄被革命而倒塌。俄國進入蘇聯模式，影響後百年的一連串讓人瞠目結舌的歷史變遷。

2. 沙俄夢碎：日俄戰爭與帝國崩潰的前奏

根據《中俄密約》第四款規定，東清（中東）鐵路的修築財務成本交由俄華道勝銀行承辦經理。設立這個銀行的意圖是避免刺激其他列強（英、德、日），表示是私人商業銀行承辦，俄國政府沒有直接參與。道勝銀行的俄文是Русско-Китайский банк（中文的「道勝」名稱取自《易經》中「道行之而成，物勝之而興」，意指順應天道，贏得勝利。銀行股份是共同由法國猶太裔金融銀行（羅斯切特家族）及法國其他金融機構、俄國銀行和清朝政府三方出資，預計固定資本約600萬盧布，中俄合占225萬盧布，約八分之三；法國銀行出資375萬盧布，約八分之五。清政府

剛經歷甲午戰爭《馬關條約》賠償日本兩億兩（約3億盧布），國庫早已虛空，連賠款都向俄國、法國金融銀行以4%利息貸款支出。此刻已沒有任何資金投資俄華道勝銀行，於是再一次與俄國簽訂《松花江條約》：以土地、財政收入和關稅優惠做抵押。合約內容粗糙，並不明朗。中方以為鐵路蓋在東北土地上，借用俄方的軍事勢力抗衡日本的擴充，自己本身不用實際投入資金，尚可派人出任華勝銀行指定的中東鐵路公司「董事長」一職，尚能監督鐵路的行政，而且俄方也沒有百分之百出資，中國仰賴第三方法國金融銀行的主要資金，認為這種股本結構可以接受。

銀行的董事會八人，董事長為俄國沙皇指定的烏赫托姆斯基（Esper Esperovich Ukhtomsky, 1861-1921），是財政大臣維德的好友。俄方董事五名，法國銀行董事三人[301]，看似俄方占據優勢，但銀行董事的票選如果出現問題，占大股份的法方可以要求重新選董事，讓法國銀行為華勝銀行的主控資方。俄法關係密切，估計深入中國東北的鐵路可以帶來巨大的政經利益回收，因此這種結構為中、俄、法三方都接受。表面上看起來，中方沒有實質出資，1896年簽的《松花江條約》並無實質做擔保中國政府在道勝銀行股份的抵押品，因此在俄華道勝銀行文件上沒有顯示任何股權。但中方沒有精算所讓出建築鐵路的土地，沒做商業價值評估和認定，沒有核算成中方的財務資金投入，以現代的合資定義來看，這樣的投資結構非常鬆散，只能說清廷當時的政治考量高於經濟，立意偏袒，財務帳目則不周全，談判立約時看不到未來隱藏的危機。

俄華道勝銀行總部設於聖彼得堡，後來增資和營業擴充，

在中國東北建立近二十家分行，以其擴充的速度推斷，絕對是回收率超高的商業投資。俄國革命（1917）後不久被蘇聯政府收為國有，僅剩下海外業務，後與法國銀行合併，總部設在巴黎。由於蘇聯政府不再承認沙俄時代的外債，中東鐵路納入蘇聯交通部蘇聯人民交通委員會（Народный комиссариат путей сообщения СССР, НКПС, NKPS），道勝銀行收入戛然中止，於1926年停止營業。

道勝銀行最主要的商業任務是成立鐵路管理部門，即「中東鐵路公司」（全名中國東省鐵路公司），負責與銀行貸款、還款和指定和監督修築鐵路的工程公司，鐵路公司的財務向俄華道勝銀行負責。中東鐵路公司成立資本500萬盧布，每股5,000盧布，發行1,000股股票，原意圖讓俄國民間和商業認購，但在發行股票當天的5分鐘內，全數股票為沙俄政府財政部（Министерство финансов Российской империи）閉門收購，變成唯一的股東[302]。

中東鐵路公司依公司法設有董事局，根據李鴻章和維德的後續談判，中方可以擔任董事長。鐵路公司的主要行政人員則由俄國政府推薦和道勝銀行指派。中方的駐德、俄公使許景澄出任董事長，但中方與俄方幾乎沒有討論其餘董事的指定和安排，俄方單方面推出副董事長斯‧伊‧克爾別茲，加上六位俄方董事，財政大臣維德的外甥璞科第（Дми́трий Дми́триевич Покоти́лов，英文Dmitry Dmitrievich Pokotilov, 1865-1908）也在董事名單中，他兼任駐北京道勝銀行行長和北京俄國財政部代表，利益衝突明顯存在，但中方也無異議。清廷駐德俄大使許景澄，雖被指派為鐵路公司董事長，卻毫無實權，甚至連中東鐵路進入中國領域的鐵

軌距離都不能插話,導致從一開始就讓俄國寬軌(1,524釐米)的系統混搭在中國的東北土地上,日後只有俄方的軍隊可以進入中國領土,中方在戰爭期間非常被動,除了破壞鐵路,沒有任何能力利用中國的窄軌運輸中國關內的人員軍備,換上寬軌車頭和列車前往俄國領域。

中方在中東鐵路公司董事會只有一席投票權,實權旁落於副董事長(督辦)及俄方董事,副董事長相當於首席執行官,總部設在聖彼得堡,中國的執行總部設在哈爾濱,負責人均為俄籍,之後的管理權和沿著鐵路路段的土地權,及延伸的各種特權,造成整個東北的法紀混亂,土地主權難以釐清的一灘爛泥。

1897年1月中東鐵路公司於聖彼得堡召開第一屆董事會,俄方克爾別茲出任副董事長,於北京設立分公司。3月13日成立東清(中東)鐵路公司,7月第一批築路工程師與技術人員從海參崴進入中國邊境,8月28日在離海參崴西邊160公里的中國邊界城市綏芬河舉行中東鐵路開工典禮,俄方指派烏蘇里江鐵路局長迪米特·霍爾瓦特(Дмитрий Леонидович Хорват, 1858-1937,後稱霍氏)上校參加,中方指派的代表是吉林省將軍長順(1839-1904)出席了開工儀式,反映清朝政府對邊防和地區戰略的關切。

1898年6月,中東鐵路全線開工,以哈爾濱為中心,分東、西、南三線同時相向施工,在東北地圖上成一個「丁」字形。霍氏上校曾涉及裡海以東和太平洋地區烏蘇里地段的鐵路工程,1902年被派至哈爾濱出任中東鐵路公司管理局總局長。上任後依據俄國財政部指示,成立了管理局辦公室、法律部、財務部、監督部、醫療衛生、材料、工務/房產、車務和電報、車輛和機

1897年東清（中東）鐵路於綏芬河開工
（筆者於2024年10月訪問時攝）

務、民事管理處，和軍事處等十一個部門。他只任命俄人為主管，中國人沒有負責任何一個單位的領導。中東鐵路西起滿洲里，中經齊齊哈爾、哈爾濱，東抵綏芬河市，支線從哈爾濱南下，經過寬城子（長春）、盛京（瀋陽）直達遼東灣的旅順口，全長2,489公里。1900年間發生義和團事件和八國聯軍入侵北京，工程耽誤數月，於1907年竣工。

土地的主權定義一直是中東鐵路開始修建的爭議，同意讓俄方建築鐵路經過中國東北領域的是中方，出資的是俄方和貸款給俄國的法國銀行。中方雖然名義上也有股份，但沒有出資，資本部分是由俄方貸款代為出資，但清廷究竟是以什麼做投入資金的擔保缺乏詳細規範說明。畢竟中方至少出了土地代替資本投資

的,土地鐵路經過的地段到底範圍多大是鐵路公司可以算作投資的,從未有明細評估核算。俄方控制和強行使用的,也從未得到中方完全的共識,一場世紀性的糊塗帳從此開始:這包含劃分建築鐵路的土地範圍、如何設計管理鐵路實際路線、如何開發土地和利用鐵路地段的資源。

東清(中東)鐵路公司章程,雖原則上同意俄方可以使用土地修建鐵路軌道、車站、維修廠等,但絕對沒有賦予俄方可以將鐵軌兩端約42俄里(Bepcta,約45公里)內,曲解為完全屬於鐵路局的管轄區,中國政府無權干涉管轄地區內的行政司法和立法。以中東鐵路的總長2,489公里的兩端各45公里的範圍合計,達到224,010平方公里,幾乎是遼寧和吉林省的總面積(335,000平方公里)的66.8%,甚至超過白俄羅斯整個國家(207,600)的疆域,這還不包括鐵路彎曲的地形額外面積。另外俄方租界的大連、旅順港灣的軍事用地也擴充作管控帶,1900年庚子事變(義和團之亂)和日俄戰爭兩時期在港口和鐵路線周圍土地的強占,到處都飄揚著俄國和中東鐵路的特殊旗幟,絕對不尊重中國主權,中東鐵路公司在中國東北建立起「國中之國」(中國境內之俄羅斯帝國)」。

沙俄以中東鐵路合辦合同第四條「鐵路需用材料適用水路轉運為由」,輕而易舉地取得中國東北內河的航運權,只要掛上中東鐵路的旗幟,名為協助鐵路的營運,就可在松花江、遼河和內海暢通無礙。中東鐵路同時又成立航運公司,將鐵路線兩旁廣袤的腹地農產資源如大豆、高粱糧食,透過鐵路或經過海參崴港口透過船運運往俄國,使用的貨客和商船近數百艘,中東鐵路的運

走岔的西伯利亞鐵路
——《中俄密約》與國際政治博弈 1896-1970 on

東清鐵路旗幟1897-1915（右上方為沙俄國旗，左方為清朝國旗）
圖：哈爾濱鐵路博物紀念館

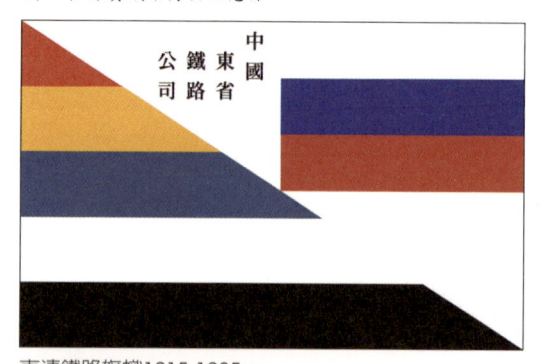

東清鐵路旗幟1915-1925

東清鐵路旗幟1925-1935

輸量，逐年都是數倍直線上增長，1910至1916年實現盈利，收入高達7,000萬盧布[303]。

對於森林和礦產資源的掠奪，以東北俄羅斯的總督身分，霍氏表現霸氣，管理期間與黑龍江省、吉林省議定「伐木章程」，六年為限，鐵路兩旁約45公里範圍內的森林列為鐵路公司修建的所需材料，可以隨意砍伐使用，即使沒有森林，也以伐木為名，行強占之名，將土地納入管制區。原先華人的木材市場不准供應鐵路公司需求的材料，如果交易則必須交稅。鐵路公司多餘不用的木材還轉賣到市場，或將優質材料送往莫斯科和聖彼得堡，從中取利，優惠自己祖國。根據中方粗略統計，在黑龍江一省占用了3,200平方公里，每年在黑龍江、吉林兩省森林資源上的獲得價值均超過一億銀元。煤礦資源也是依據鐵路公司合同第六條：如果可以找到鐵路火車頭所需之礦苗，可開發使用，乃與吉林、黑龍江兩省議定合同，獲得鐵路兩端45公里以內領域的採煤權，先後強搶黑龍江的煤礦區札噴諾爾和察罕傲拉，和吉林省石碑嶺和遼寧省撫順煤礦，將原來在此地挖煤的華商驅趕，或抽以重稅逼迫離開，獲取暴利。中國第一大的撫順露天煤礦煤層厚達55公尺，開採成本低而煤質佳。俄方將鐵路公司經營木材、礦產取得高回收利益，霍氏繼續得到重用，升官至俄軍中將，僅辦公大樓就有20,300平方米，類似俄羅斯駐中亞的總督府。軍事用途是中東鐵路原來的目的之一，在1903年運送俄軍人數高達26萬，軍用物質達到8,400萬噸。這原用來鎮壓義和團之亂和建立大連、旅順港口陸陸續續添加進入中國協助保護中國領域的軍隊，卻沒有撤出中國。清政府內憂外患，多次抗議無效。《中俄密約》導致東

清鐵路成為引狼入室之舉，使清朝很快看清沙俄侵略本質。甲午戰爭後，日本企圖奪取遼東灣（大連、旅順），但遭英、美、俄干涉，被迫轉而接受台灣割讓。日本見俄國藉中東鐵路控制遼東灣，心生不滿，埋下日後戰爭的種子。

中東鐵路局長霍氏赴哈爾濱就職後，將部分城市區（今香坊和南崗）劃分為鐵路附屬地，占地130平方公里，無須投資一文，得來全不費功夫。鐵路建設局聲稱要將哈爾濱打造成「東方的聖彼得堡」，開始大規模地建設。從結果來看，俄方的確投下時間、技術和金錢打造哈爾濱市，這包括鐵路局的建設、護理的邊防司令部、電信局、郵政局、醫院、學校、員工宿舍、教堂，和商業區等。俄方都是一邊修築鐵路，一邊搜刮從鐵路周遭的資源變現再投資。土地成本上幾乎是零和白拿，或以僅僅5盧布一華晌（等於10公畝）收購。沿著鐵路的車站和城市，也採取同樣的模式。沙俄援引許景澄和俄國財政部1896年簽訂的《中俄合辦東省鐵路公司合同章程》的原則，先後與中國地方省市政府協商，徵用土地服務鐵路建築使用，肥沃的資源如煤礦做火車燃料，森林木材做鋪墊鐵路枕木，俄方隨意占據掠奪。光是在中東鐵路建築初期，俄方在黑龍江和吉林兩省就取得20萬公畝的土地，此例持續增長，一發不可收拾。根據中方統計，有關鐵路地基必須使用的土地，僅占俄方實際操控的三分之一，其他多餘的土地規劃成街區，甚至以商業產品出租給東北人民，隨意定價收取租金。設肆招商，近1696筆哈爾濱市區地租的收入，很快就趕上中東鐵路的建築成本。霍氏本人坐領高薪享受紅利，捐錢蓋教堂，還被視為慈善家[304]。

霍氏執行中東鐵路公司的載客政策，把中國老百姓視為三等公民，乘坐鐵路只能坐三等座，二等座是俄國人，一等座是留給俄政府行政首長和高官特權，他們包下整個車廂，裝潢豪華奢侈，類似沙俄帝王式級別享受。華人乘坐時接受嚴格身分檢查，不得任意換座，進入俄國邊境內非常困難，而俄人進入中國幾乎沒有任何門檻。中東鐵路的工人比例80%是華人，華工每日工時12小時，工資僅為同樣俄國工人的1/3-1/2，折算成勞動力成本的40%，剝削虐待情況比比皆是。工人的宿舍簡陋，哈爾濱總工廠2,000多工人居住的宿舍「三十六棚」不供暖氣，隆冬時如同冰窖，夏日蚊蠅蟲鼠氾濫肆虐，髒亂病傷得不到醫療照應，工人屢屢抗議或罷工無效，反而遭到鞭打或開除或起訴，送至監獄，惡劣工作情況持續到1917年沙俄政府被推翻。然而，新的布爾什維克（共黨）政府繼續剝削華工，變本加厲，中東鐵路變成蘇聯交通部機構，以不同的官僚系統和特殊行政權剝奪中國東北資源。

　　日俄戰爭的結果，沙俄暫時放棄中東鐵路哈爾濱－大連－旅順的鐵路支線（「丁」字的下半部），仍牢牢地把握住滿洲里至綏芬河的主線（「丁」字的上半部橫向段），日俄兩方瓜分中國東北南北部分，從1905至1917年期間，中東鐵路如同一把利劍，插刺在中國東北的心臟。由於管理的面積龐大，面對各種行政、立法、司法三方面的挑戰，沙俄財政部避開土地主權議題，乃提出成立「哈爾濱自治會」，選出60名代表，類似議會議員，開會以俄語為官方語言，實質上宣示以俄人負責自治會為最高法源，有權徵收房地產、工商業、車馬交通、公共設施娛樂場的各種稅捐。選出哈爾濱董事會和會長（相當於市長），決定所有市區內

的重要議題,這種結構宣明沙俄政府的遠東行政代表是透過一種議會制度來管理的,這種障眼法,賦予俄方權力控制中東鐵路沿線和城區,將中東鐵路合同的中俄一起開發的原則嚴重扭曲篡改,由中東鐵路公司「一手經理」。在中國領土上徵收稅捐的概念,已經完完全全將修築中東鐵路所有決議當成上方寶劍,把中國東北當成自己的領土經營,霍爾瓦特儼然變成「俄羅斯滿洲總督」,殖民中國東北長達四十年(1897-1935)。

好景不長,沙俄於1917年10月被推翻後,大批的白俄人逃難,進入中國東北,加入保皇黨沙俄的白軍,與布爾什維克黨(後蘇聯共產黨)的紅軍進行了長達近六年的內戰,推翻沙俄革命的風潮尚未完全蔓延到西伯利亞,和正值中東鐵路全力發展的中國東北,霍氏仍為沙俄政府指派的特任官,還有支持者,和一次世界大戰末期流亡在俄國的數萬捷克軍隊加入,對抗蘇維埃革命軍。1917年11月沙俄倒台後,蘇維埃臨時政府軍事革命委員會下令解除霍氏職位,由工廠內部的工兵蘇維埃工會接管。支持保皇黨的霍氏逃亡海參崴,也另組織臨時政府,不久被另一支保皇黨的「西伯利亞臨時政府」合併。

此時俄國金融財政崩潰,沙俄幣制失去支撐,支付工人的俄幣在市場上逐漸淘汰,人民對新蘇維埃政府發行的貨幣沒有信心,不確定新政權的穩定性。霍氏卻以中東鐵路公司名義,委託道勝銀行發行印有霍氏自己頭像的紙幣三千萬[305],作為支付工資代幣,堪稱金融鬧劇。

滿清政府被推翻(1911-1913)的時期,國內經濟已接近崩潰。市面上流通的「墨西哥鷹洋銀元」,原來自於北美洲,是墨

西哥城造幣廠（Casa de Moneda de México）鑄造，銀幣的銀成分高純（90%以上），鑄造工藝穩定，為西方與中國彼此之間的貿易市場認同，流通數量愈來愈多，但它畢竟不是新政府的官方貨幣，官方不正式承認。中國北洋政府於1914年也仿鷹洋銀元發行自己的銀幣，以袁世凱（1859-1916）的頭像鑄造在銀幣上，俗稱「袁大頭」，在中國內地和東北當成官方流通貨幣，總發行量將近八億兩。因中東鐵路為俄國（沙俄和蘇聯）政府先後控制，沙俄銀行的貨幣，新蘇維埃政府指定的國家銀行都發行自己的盧布，中東鐵路附屬經濟體系都使用盧布，強壓「袁大頭」銀元市場，反變成中國東北的主要流通。然因沙俄解體，蘇聯政府與舊沙俄發行的新舊盧布彼此競爭市場地位。蘇聯政府1922年發行玫瑰金幣「切列沃涅茨」（червонное золото，英文red gold），但在金融市場混亂的東北接受度低，還要與東北當時的流通貨幣有沙俄的盧布、中國的袁大頭銀元、東北銀行自己發行的「哈大洋」銀元，和日本在南滿鐵路沿線使用的日本金票（日本控制的朝鮮銀行）同時競爭。

中國東北的金融系統已經夠亂，此刻新蘇維埃政府的政治、經濟尚未穩定之時，沒有任何擔保信用的貨幣氾濫發行，通膨嚴峻，中東鐵路公司的員工已對盧布工資缺乏購買力信用，如今霍氏還藉道勝銀行，發行霍氏鈔票，唬弄工人，造成大眾生活艱困，引起極端不滿情緒。中東鐵路內部包括附屬的煤礦公司開始一連串的抗議罷工，鐵路運費和倉儲費用成倍地增長，經濟混亂。1919年全球霍亂流行，俄羅斯和朝鮮地區都受波及，鐵路運輸人員流動、港口和市場開放，成為病毒蔓延載體和溫床，東北

衛生醫療條件低落，人民的日子貧病交加，悲慘難過。

　　占據鐵路的殘餘捷克軍隊（一次世界大戰幫助沙俄抗德軍留下來的部隊），和沙皇舊勢力支持者，一方面破壞鐵路基建遏制蘇聯紅軍的向西行動，一方面鎮壓中東鐵路內部的工潮，發行鐵路公債代用券。但支持沙俄的精英分子和傳統特權逐漸被廣大的工農群眾替代，紅軍壓倒白軍，列寧和托洛斯基（1879-1940）領導的蘇維埃最終奪得控制大權。1920年中東鐵路蘇維埃工人團體大罷工，驅逐霍氏，4月9日被迫離開哈爾濱，壯志未酬，他最終沒有再回到中東鐵路局的那個肥缺職位，也因與蘇維埃政治立場不同而無法避免回到俄國將面對可能的大清算，遂逃到北京東交民巷奧地利舊公使館居住，1937年病死北京；他的一生為中東鐵路的俄國後台服務，利用欺壓中國東北人民，打造中東鐵路王國，最後中國人為其送終，歷史定位為俄羅斯東北殖民地代言人主角。今日哈爾濱市南崗區（地鐵哈爾濱站至香坊站）還有一條以他為名的霍爾瓦特大街，讓大家都腳踩一下，不知是紀念他的殖民統治名氣，還是懷念他對中東鐵路的建樹？

　　中東鐵路在俄國內戰期間失去功能，路段多處遭破壞，工人團體趕走霍氏後，整個中東鐵路營運失調，成了行政管理權真空，英、美、法、日勢力組織國際監管委員會。日本於1915年曾逼迫中華民國袁世凱政府簽訂「21條要求」，內容是強迫中國政府承認日本繼承德國在山東、南滿、東蒙古的權利和特別利益，包括沿海港灣不得出租給其他國家，並嚴苛要求中國在政治、經濟、軍事三方面全面接受日本的「顧問」和控制。袁世凱妥協簽了前四項，全國譁然抗議。東北當時仍然在中國北洋政府的管轄

內，不過東北的軍閥張作霖於1924年宣布東三省獨立，不受北洋政府命令，也派部隊入駐中東鐵路哈爾濱總部暫時接管。日本以保護南滿鐵路的利益為名，干預最為激烈，企圖一舉拿下中東鐵路所有控制權。

蘇維埃政府在1917年10月革命成功後，外長列夫・加拉罕（Лев Михайлович Карахан, 1889-1937）釋出難以相信的善意，他分別在1919年和1920年兩次公開宣布廢除沙俄時期與中國簽訂的各種不平等條約，願意歸還通過沙俄時代侵略中國而獲得的利益，包括了中東鐵路的所有權，還表示支持中國的民族解放鬥爭。1924年5月31日加拉罕與中華民國北洋政府外交總長顧維鈞（生卒年1888-1985）（1922年6月至1924年7月任職）簽訂《中蘇解決懸案大綱協定》，明白宣示廢除沙俄的不平等條約得到的利益和特權，同意對中東鐵路實施「共管」，蘇聯還承認外蒙古是中國的一部分，以交換中國承認蘇聯政府為俄國的合法繼承者為條件，穩固剛成立不久的蘇維埃政權。透過此約，中國恢復在外蒙古的宗主國地位。同時爭取蘇聯的支持，抑制日本在中國東北的擴張。俄國再次與中國友好對付日本，確保俄國在遠東地區的安全，保留中東鐵路的管理權，和對外蒙古的影響力。

蘇聯短暫的善意維持不久，國力強弱仍是外交條約的唯一準繩，蘇聯對中國東北的利益和曾經由經營中東鐵路獲得的暴利從未忘懷，加拉罕的偽善宣言迷惑了中國南方國民黨政府，使其採取傾向「聯俄容共」的政策。在中國北方，蘇聯對中國的友好關僅僅維持兩年，隨著日本積極在中國東北的侵略行為，又起了複雜的變化。《中蘇解決懸案大綱協定》提到的中東鐵路共同管理

仍有困難，中方北洋政府內憂外患，對東北乏力支援，蘇聯仍控制了鐵路的核心人員設備和營運機制，乃派出大量技術人員，在鐵路沿線駐紮，維持經濟和安全事務。

1928年6月，張作霖與奉天（遼寧）省長吳俊陞（1863-1928）二人於東北瀋陽附近皇姑屯車站，被日本關東軍策畫埋下炸藥引爆殺害。張作霖曾宣布東三省獨立，此刻被日軍殺害，中國東北政治權力頓時真空，陷入混亂。張作霖之子（軍閥第二代）張學良（1901-2001）立即宣布東北易幟「中華民國青天白日國旗」，所有奉軍軍隊歸屬南京國民政府，向日本表態，東北與中國南方統一。

張學良並沒有率部抗日，他認為日本在東北的實力遠超過蘇聯，乃將目標瞄準蘇聯的中東鐵路的控制權，於1929年7月下令最高行政官員張作相（1881-1949）率兵強行接管中東鐵路，驅逐俄籍管理人員和逮捕蘇聯官員數百名，加強奉軍對鐵路運輸能力的控制。俄方不滿，抗議沒有得到回應後，發動武裝反擊，從7月開始採用空襲，炮擊和陸地進攻鐵路沿線，為中東鐵路的主權，中蘇爆發第一次戰爭。中蘇雙方各動員約十萬人投入戰爭，戰事集中在黑龍江、松花江和烏蘇里江地區。瓦西里·布留赫爾（Василий Константинович Блюхер, 1889-1938）領導蘇聯紅軍三萬人，軍備武器優勢大於奉軍，僅損傷數百人，而東北軍損傷近一萬人，被俘一萬人，奉軍名義上由張學良領導，而實際則由其父張作霖舊屬馬占山（1885-1950）指揮，奉軍人數多但虛弱無力。11月被蘇聯遠東特別軍團的三個陸軍師團，和裝甲列車部隊、阿穆爾河艦隊和遠東軍航空團，分別在哈爾濱、滿洲里中東

鐵路沿線擊退。大規模戰爭在史達林批准下進行,徹底顛覆原來加拉罕對中國友好和放棄特殊利益的宣告。缺乏閱歷、年輕魯莽之二十八歲的中國東北軍閥少主張學良被迫在伯力片面簽署《哈巴洛夫斯基協定》(Хабаровское соглашение,又稱《中蘇伯力會議議定書》),重新承認1924年蘇聯和北洋政府協議中東鐵路的共管權,但北洋政府和南京政府鞭長莫及沒有參與,俄國人再一次成功拿回實質掌控權,直至1935年。

中國政府在東北的地方政經影響力和實權混亂,從1915至1928年基本上都是在軍閥和逐漸壯大的奉系手中,經濟雖獨立,但受俄方中東鐵路局的控制逐漸減弱。1928年後,張學良雖歸順中央政府,卻無力在東北有效對抗蘇聯和日本。1931至1935年期間,國民政府和地方軍閥分崩離析,徹底失去管控能力,中國東北進入日本扶植的滿洲國經濟體系。這二十年間,中國政治權力沒有透過中東鐵路完成發展東北的最早期望,反而完全退出東北,拱手讓日本從逐漸侵蝕到全面接管。

在歐洲,蘇聯面臨德國希特勒(1889-1945)的納粹政權擴張。日本經過1931年的入侵中國東北成功,於1932年推拉清朝最後皇裔溥儀成立傀儡政權「滿洲國」,奪取中國東北地區的野心暴露無遺。在日本的威脅下,蘇聯罔顧中國投資夥伴的事實,同意出售中東鐵路予「滿洲國」,間接讓渡給日本政府。1928年,依靠中東鐵路發展出來的哈爾濱俄國移民和工作人員總數已經達到十五萬人,建立起相當可觀的鐵路王國,蘇聯卻出售已經經營了四十年的中東鐵路,這絕非當年李鴻章和維德的預期。雖然在簽訂《樸次茅斯條約》時,維德曾警告過美國總統希爾多・羅

斯福（Theodore "Teddy" Roosevelt, 1858-1919，俗稱老羅斯福總統）有關日本的野心，但失敗一方的警示預言有誰會聽？

1920年蘇聯在哈爾濱設立「哈爾濱中俄工業學校」，培養工程技術人員，招收中俄學生比例各半，1922年升級為哈爾濱中俄工業大學，也設立機械動力工程、礦業材料、化學和航空等科系。1935年後，日本設立的滿洲國完全控制整個東北，接管哈爾濱工業大學，但招生歧視華人，實施差別待遇。中國學生錄取比例不到10%。二次大戰結束之後，回歸中國教育系統，哈爾濱工業大學從此成為中國東北最佳高等學府迄今，其航空工程成就許多重要科學家，學術成就享譽全世界。蘇聯建校目的是服務中東鐵路，從長久歷史發展看來，這是中東鐵路帶來少數正面價值的成就之一。

3. 列強角力：沙俄革命、日本併吞朝鮮與中國內戰

清政府在1894-1895年為了爭奪對朝鮮的保護權，與日本戰爭（值陰曆甲午年，故稱甲午之戰），中國不敵日本的新建現代化海陸軍，從英國購買的二手艦隊七艘，數天之內就被打沉在黃海，失敗後在日本簽訂《馬關條約》，中國賠償巨額資金（二億銀兩），割讓台灣、澎湖群島和遼東半島。俄國對遼東的旅順港已有企圖，乃邀德國和法國一起干涉阻擾，日本鑑於壓力，無法吞噬幾乎到手的遼東半島，對俄耿耿於懷。日俄雙方同時爭奪遼東灣港，為日後戰爭埋下未燃彈。

日俄戰爭的主要衝突，近因是對中國東北和朝鮮領土的覬覦垂涎，追溯源頭就是《中俄密約》同意俄國建造東清鐵路，堂而

皇之進入中國，繼而以保護鐵路安全為由，順勢南下，派出維安部隊控管。1903年東清鐵路竣工時，興安嶺以北的俄國阿穆爾至海參崴線尚未完成。1898年沙俄政府增修哈爾濱至大連灣的支線卻先完成，東清鐵路就直通中國遼東半島的旅順港。旅順港終年不凍，自然條件遠比海參崴線至少多了四至六個月的優勢。俄國還提出要求，保證鐵路的運行無阻和安全，必須有治安部隊。清廷無力拒絕，等同拱手讓出俄國進駐旅順港；這本不在《中俄密約》內容裡，但此刻中方沒有反對，反樂見其成，頗有借力打力意圖。李鴻章和張蔭桓與俄方加簽《旅大租地條約》，《維德回憶錄》中提到曾贈送李氏50萬盧布，給張氏25萬盧布，加速促成協議；這一段敘述除了維德本人之外，沒有旁證，但敘述是佐證延伸中東鐵路哈爾濱－大連－旅順支線的起源。

俄國中東鐵路總部設立於哈爾濱，陸陸續續派遣工程部人員和維安部隊，總數約25,000人，建立保護鐵路周邊的行政區和治安單位，將區域內自然資源搜刮己有。哈爾濱從一個約十多個農村的小區，漸漸發展成俄國化的城市。很多俄裔猶太人逃避俄國對猶太人的歧視打壓，移民在這裡建立獨特的社區，包括學校和藝術學院、金融機構、商業公司等。俄國在此設立俄國道勝銀行（總部在聖彼得堡）分行，作為東清（中東）鐵路的貸款執行單位，發款和監督鐵路工程的進度。透過鐵路，俄國勢力之手伸進了圖門江和鴨綠江、進入朝鮮的礦區和森林區。已將東南角的朝鮮視為禁臠的日本政府當然不肯妥協，於是向俄方提出交換條件，以朝鮮與俄交換東北利益，共同瓜分兩地。不料，俄國認為日本無能對抗自己，斷然拒絕。

1900年，清朝發生義和團之亂，反外國勢力群眾被清政府影子領導慈禧太后姑息鼓動，帶著怪力亂神的迷信色彩，自稱可以對抗侵略清朝國境的外國人，持槍棒粗製武器，攻擊各個外國使館。英、美、法、德、意、西、葡、俄等國政府以保護使館人員和家屬為由，在德國軍隊領銜之下，派兵進入中國首都北京，擊敗義和團，放任軍隊掠奪京城，慈禧太后和光緒皇帝匆匆逃離北京西行。俄方軍隊率先進入皇宮，搜刮宮廷內貴重文物，包括闖入慈禧太后的私人檔案室，找到李鴻章與維德簽署的《中俄密約》原本；義和團平定後，八國聯軍撤出北京，俄國政府將密約原本還給清廷政府，意味俄方仍期待密約內容保障中東鐵路的建築利益，平添諷刺鬧劇。

　　1900年，因為反列強入侵殖民，民間開始破壞外國在中國的工程。義和團曾在東北反俄，拆毀東清鐵路586公里，破壞電話線和橋樑9公里，燒毀數十座火車頭，砸毀上千個車廂，導致東清南滿支線鐵路工程中斷停工。俄方為維護鐵路安全，派軍約二十萬人進入東北，發生海蘭泡和邊界江東六十四屯屠殺中國人民事件，上萬漢族、滿族男女老幼喪命，歷史記錄為「庚子俄難」。沙皇政府否認暴行，也未懲處阿穆爾總督軍隊領導尼古拉・格羅捷科夫（Николай Гродеков, 1843-1913），反而晉升全權總督。這事件與日本軍隊1937年南京大屠殺事件，同樣留下歷史罪名。俄方短短數月就控制了中國東北主要大城市，包括清朝故都奉天（瀋陽），即日本後來的滿洲國總部。義和團被平定後，俄軍沒有撤軍，還在奉天正式成立了亞東大都督，為最高行政機構，將中國東北視為特別行政區，不受第三國勢力干預。維

德認為義和團沒有現代軍事武器，只是烏合之眾，草莽之徒，俄方無須見縫插針；此刻趁火打劫，派遣二十萬大軍進入中國，反而會失去中方的信任。俄方軍事大臣庫羅帕特金（Алексей Николаевич Куропаткин,1848-1925）堅持己見，得到沙皇首肯，出兵中國東北。維德見自己的意見不被重視，預估與日衝突即將來臨，果斷辭去財務大臣職務。

根據《維德回憶錄》，他覺得遠東國家有其自己的文化背景，區域衝突必然存在，俄國須按自己的進度開拓經濟資源，先修建到海參崴的中東鐵路，將來併吞中國東北只是時間問題，沒有必要在此刻刺激日本。俄國在歐洲必須挪出巨大實力面對德國與奧匈帝國。如果與日本因利益衝突而引起戰爭，勢必東西雙面受困。他是否為後來的日俄戰爭結果，擺脫自己的責任，很難評斷，但沙皇尼古拉二世此刻剛愎自用，親自擔任太平洋軍事的總指揮，下面軍事大臣、外交大臣、遠東總督、遠東軍隊總司令等多頭同時指揮。日俄戰爭的失敗責任，算不到維德的頭上。從維德的回憶錄中顯示，他是一個耿直、忠於沙皇，和精於財政的經濟管理人才，多次建議不要與日本衝突。尼古拉在財政方法用對了人，而在處理中國東北和對付日本關係上，沒有聽從維德建言，以致做出莽撞決定。

俄軍方領袖葉夫根尼·伊萬諾維奇·阿列克塞耶夫（Евгений Иванович Алексеев,1843-1917）未將日本勢力放在眼裡。日方在聖彼得堡的大使栗野慎一郎（1851-1937）當面請維德向高層反映，亟需與俄方對話，討論中國東北和朝鮮的利益分配；但日本對俄方遲遲不答的態度感到不耐，維德反映了日本的意見，尼古

拉二世沒有理會這最後警告，反認為俄方透過戰爭，向日方示威耀武，借助軍事勝利可以壓制國內反對風潮。

日本原不想立即與俄國正面衝突，內閣總理大臣伊藤博文再次向俄方提議共享中國東北和朝鮮，但仍被拒絕。西伯利亞南滿線鐵路此時已經通車到大連灣的旅順，俄國的擴張勢力已經深入中國東北和遼東灣港口。日本要求俄方慎重自制並與日談判，不然只有透過戰爭來解決日方訴求，俄方不理。1904年2月6日日本宣布與俄國斷交，送出最後通牒要求俄方立即撤軍，兩天後日軍突襲旅順港的俄國艦隊，雙方戰爭爆發。

有關日俄戰爭的過程和細節，日本和俄國官方權威歷史學家已有詳細記載，本書不再著墨。日俄戰爭前後經歷一年半，雙方動員軍隊超過百萬。俄方最主要的失敗原因已在1904年2月出現，西伯利亞鐵路的中段部分，貝加爾湖南端的鐵路線天氣巨寒，鐵軌被厚雪掩埋，火車無法動彈，後勤軍隊寸步難行，留在湖邊的伊爾庫茨克，後勤供應出現瓶頸現象，俄方雖派出驍勇善戰的傭兵哥薩克騎隊，登上時速只有10英里的列車，擠在狹窄車廂中五至六週的辛苦行程，豐沛的軍力卻完全發揮不出。原來在中國東北的二十萬俄軍，得不到來自聖彼得堡和莫斯科的糧食、軍備供應，軍心散漫，士氣不振。戰爭初期，俄軍略有斬獲，遇到興起的日本現代軍隊則力不從心，在長春、奉天（瀋陽）等陸地的主要戰役都不堪一擊。日俄雙方死傷超過數萬，俄軍損傷更多。

旅順港的俄國海軍被日本海軍在遼東港灣外包圍，困於港內，無法出擊面對日本新式武裝艦隊。沙俄乃從北歐波羅的海調動海軍前往亞洲。然而，英日同盟抵制俄國艦隊通過地中海的

蘇伊士運河，俄國海軍錯失時間效益，必須選擇從大西洋繞過南非、東印度洋，穿過馬六甲海峽漫長路線，遲遲才進入太平洋水域。1904年10月從拉脫維亞的利亞泊亞港出發，期間旅順港已經失守，只能前往俄國的太平洋港口海參崴，航行耗時七月，於1905年抵達日本海域對馬海峽，與日本艦隊正面作戰。不到兩天，俄國艦隊全軍覆滅，艦隊總指揮被俘，而日本僅損失三艘水雷艇。海軍及陸軍的潰敗，俄國政府急忙透過美國政府做調停。日本方面在瀋陽遼東地面上的戰爭，死亡超過數萬人，戰爭費用支出龐大，乃接受美國的提議，在遙遠的美國緬因州的樸次茅斯（Portsmouth）港口，雙方接受停戰協調，簽訂《樸次茅斯停戰條約》。

維德此時已經榮升內閣第一大臣（首相），再次披上沙俄官服前往美國談判。回憶錄中，他敘述親自參與日俄和談過程，日本提出割地（庫頁島南部島嶼）和戰爭賠款（六億盧布），以及讓出在中國和朝鮮的種種利益。他力爭不割地，不賠款。美國總統希爾多・羅斯福居中調停，維德表示俄國無財力賠款，也不會割地。老羅斯福總統居中調停，勸說雙方：俄國如果不接受日本條件，戰爭則會繼續；日本如果繼續打仗，也拿不到賠款，即使奪得西伯利亞以東的領土也沒有經濟價值；雙方應當見好就收，否則長久必然兩敗俱傷。談判數週，日本最終同意不堅持戰爭賠款，但其他條件如放棄干預朝鮮和中東鐵路哈爾濱－大連－旅順線，仍須按照日本要求。維德在回憶錄中說，美方在這次調停中傾向偏日，所以他特別警告美國：「不要低估日本野心，否則養虎為患。」維德的預言三十五年後居然成真，1941年12月7日，

日本突襲轟炸美國夏威夷珍珠港太平洋艦隊，美國被迫捲入二次世界大戰，國際政治起起伏伏，風雲驟變。

維德是與李鴻章1896年談判的俄國代表，當時他站在談判桌的優勢上方，亟需中方同盟，所以保持高調姿態，把俄國建築西伯利亞東清支線列為俄方的主要條件。距東清鐵路完工（1903）年還不到三年，日俄戰爭爆發戰事失利，必須與日本談和，這次維德代表俄方的談判總代表，卻坐在談判桌劣勢下方。像李鴻章一樣，他也長途跋涉從歐洲乘船到美國，前後旅程約五十天，從紐約入境，坐火車至樸次茅斯，期間他拜訪了紐約證券所、哈佛大學、哥倫比亞大學、西點軍校、首都華盛頓，還與紐約俄裔猶太人族群會面。他力求以和平手段解決而達到保護俄國的利益，在《樸次茅斯條約》簽訂之後，他甚至建議政府與日本建立友好條約互不侵犯，但未被接受。俄國對日本的怨恨在日俄戰爭後植根深厚，革命後的新俄國政治實體蘇聯明顯沒有忘記大西伯利亞鐵路的擴充受挫，及日俄戰爭失敗的羞辱。

在沙皇不割地、不賠款的指示下代表俄方與日交涉，維德實在難為，事實上戰後庫頁島南部島嶼已被日本占領而拱手讓出，日方新的要求哈爾濱到大連灣南滿線所有權和周邊的採礦權，並不再干涉朝鮮事務，尊重日本今後對朝鮮有關資源的權利。1905年9月簽訂的《俄日停戰條約》（Portsmouth Treaty）被中國認為荒謬難忍。戰爭是在中國東北的領土上進行，戰爭目的則是分配中國東北的利益，戰爭後訂的條約內容仍是關乎在中國東北和朝鮮領土的利益分配，而中國政府卻完全沒有參加這個談判，這凸顯殖民主義國家們單方面決定或協議如何傷害中國。其他內容有

關日本對朝鮮的監護權,俄國同意完全歸屬日本,俄國也將庫頁島北緯五十度以南的領域割讓給日本,賦予日本漁民在庫頁島海域資源。根據《維德回憶錄》,庫頁島以南的海島在1875年前原就是日本的,只是此刻因為戰爭失利還給日本而已。日俄雙方繼而決議在中國東北領土的特權一分為二,從哈爾濱至大連－旅順的東清線的南段,完全讓給日本;鐵路分界線在寬城子(後改名為長春),日本將此南段支線改名為南滿鐵路。條約中還包括租借大連、旅順港,而寬城子長春和哈爾濱以北仍歸屬俄國的勢力範圍。以上利益分配和領土的劃分細節,僅通知和照會中國政府而已。在中國領土上,中國像是房客,日俄變成房東,只記得分贓中國利益是否足夠,完全不在乎誰才是這塊土地真正的主人。

俄國因戰爭軍事開支龐大導致國庫空虛,戰敗消息傳到沙俄政府首都聖彼得堡,民心崩潰,政府聲譽一落千丈。同時全國受到歐洲社會主義的影響,罷工工潮不斷,西伯利亞鐵路的工人不斷怠工、停工,很多鐵路地段遭受破壞;仍然留在遠東的部隊戰士,因沒有火車運輸載他們回鄉而滯留西伯利亞洲戰場,導致剩餘傷殘軍士氣低落,領不到薪資,加上有家難回,怨氣無法發洩,遂加入反沙皇的行列。此時,大西伯利亞鐵路運輸功能未見其利,反見其害。為戰後賠款,維德向英、法、德三國猶太人金融集團摩根士丹利(Morgan Stanley)舉債, 1906年通過貸款協議。

大西伯利亞鐵路猶如雙刃劍,刺向亞洲地區的中、韓、日,反彈刺回沙俄皇朝。1917年沙俄政權垮台時,李鴻章和維德已經相繼過世,沒有機會親見中俄盟約帶來什麼樣的災難。列寧率領布爾什維克黨(большевики,意即「多數黨」)於1917年10月革

命，尼古拉二世全家七人旋即在葉卡特琳堡遭受殘酷殺害，三百年的羅曼諾夫王朝被推翻，走入歷史洪流。

《維德回憶錄》中提及向摩根士丹利（Morgan Stanley）的猶太人集團貸款解決戰爭後留下的財務空窗（liquadation of the war），這個信息量極大[306]：日本在日俄戰爭期間，向紐約和歐洲的猶太裔融資機構貸款13.5億日元，穩定資源投入戰爭；日本在日俄戰爭後，天皇宴請猶太人融資機構庫恩－洛布公司（Kuhn, Loeb & Co.）的合夥人約伯·希夫（Jacob Schiff）答謝融資之舉，日本的歷史資料中都有記載。暫且不計戰爭死傷千萬的軍人和平民，戰爭中的金融家是最大的贏家，戰爭中的雙方都需要資金，日俄戰爭中的雙方都同時向猶太裔金融集團融資，勝方可以從敗方要求賠款，敗方可以貸款或犧牲第三方利益（如中國及朝鮮），金融集團是最後韭菜收割者。

日本這暫時的贏家讓歐洲看到，日本覬覦中國、朝鮮的領土和資源，與俄國直接衝突，但仍以一個島國可以打敗沙俄，使其在遠東踢到鐵板，1904-1905年日俄戰爭成了四十年後第二次世界大戰戰場的前奏曲。

《樸次茅斯條約》確定俄國將北緯五十度以南的庫頁島南部割讓給日本，並承認日本在朝鮮的特別利益，不再干預朝鮮內政。俄國將中國東北（滿洲）南部的權益：長春以南的鐵路路段，和旅順、大連的租借權讓給日本，變相地承認日本取代了俄國在東北亞的勢力，成功阻撓俄國在遠東的侵略計畫。中國政府沒有參與戰爭，卻與弱勢的朝鮮一樣，接受日俄談判結果告知。1905年12月，日本派特使小村壽太郎（1855-1911）赴北京，與總

理衙門的慶親王奕劻和兩位代表瞿鴻禨(1850-1918)、袁世凱簽訂中日滿洲協約(日本稱為《滿洲善後條約》),除承認《樸次茅斯條約》有關中國部分的日本利益之外,還附帶許多不合理的條件:中國必須保全日本軍隊為陣亡官兵設立的墳塋和忠魂碑之地,日本在南滿鐵路運輸所有材料免稅,日本政府簽名蓋章之任何副款均以相待最優之處施行,日俄在中國東北的勢力劃分以長春為界,確認俄國在中東鐵路長春以北、日本在長春以南彼此承認的在中國管轄地盤。

從此日本侵略之手透過南滿鐵路進入中國東北南部,得隴望蜀,繼而垂涎內蒙古。俄國雖在中國東北南部(南滿)暫時失去勢力,即轉向外蒙古和新疆一帶。《樸次茅斯條約》繼《中俄密約》後,種下日後日、俄、中、朝各種衝突的種子,發生更多的侵略舉動。

1917年10月,俄國發生革命,布爾什維克共黨政府取得政權後即公開沙皇俄國時期的祕密外交文件,揭露帝國主義列強的祕密協定,因而得知日俄戰爭後,日俄雙方的核心問題只專注於殖民擴張上的利益劃分。蘇聯欲與沙俄制度劃清界限,聲明自己是世界無產階級的領導,不再為過去的專制政權政策背書,因而大膽公開密檔。二次世界大戰結束後,美國盟軍占領日本後要求日本公開外交機密文件,其中包括「國家檔案館」、「日本內閣紀錄」、「日本外交文書」,和最重要的「日本外務省檔案」,記錄了日本自明治維新以來與俄國簽署的祕密原始文件和相關內容。蘇聯與日本外交檔案的相繼出爐,將1904-1905年日俄戰爭後雙方的爾虞我詐的真實動機完全還原。

《樸次茅斯條約》的簽訂原本是戰勝國日本與戰敗國俄國的談判，但內容不外乎是對日俄兩國在中國、朝鮮的殖民利益重新分贓。雙方認知與其拚得彼此頭破血流，相互傾軋，不如達成共識，集體霸凌弱者。根據俄日資料，1905年8月日本與英國建立同盟，意圖平衡俄國在遠東的勢力，又相繼與法美締結盟約。1907年日本駐俄國大使本野一郎（1862-1918）伸出橄欖枝，示意可以與俄國不計前嫌，鞏固善鄰關係，與俄羅斯外交大臣伊斯佛洛斯基（1856-1919）一拍即合，7月31日締結協約，承認彼此在中國的工商業機會均等。俄國承認日本與朝鮮現行條約協定而不干涉，俄國政府在朝鮮享有最惠國待遇，日本相對承認俄國在外蒙古有特殊的勢力。根據這個密約，日俄雙方協議解決了中國東北、朝鮮和外蒙古的勢力和利益分配[307]。

1899-1900年美國總統威廉・麥金利（William McKinley, 1843-1901）及美國國務卿約翰・海（John Hay, 1838-1905）提出「門戶開放政策」（Open Door Policy），要求各國在中國的貿易機會均等。接著，1905年老羅斯福總統協調日俄戰爭後的《樸次茅斯條約》，主張自由貿易和勢力平衡。1910年6月21日，美國繼任（1909-1913）總統威廉・塔夫脫（William Taft, 1857-1930）提議，中、日、俄、英、法、德使中國東北東清鐵路南滿鐵道中立，杜絕日俄兩國衝突的「禍根」。然日俄雙方擔憂增加更多複雜性而一致反抗，美國建議失敗。日俄打鐵趁熱，於1910年訂立第二次協約，再次確定彼此不干預在中國的勢力範圍和特殊利益的發展，雙方同意如果遭遇第三國威脅時，兩締約國同意建立共同防衛機制，並嚴守祕密[308]。

1910年7月8日，日本駐俄大使本野一郎與俄國外交大臣沙查諾夫（1860-1927）第三次密商達成協議，將黑龍江與內外蒙古的疆界，以北京經度116度27分以東和以西劃分為「內蒙古東」（日本）和「內蒙古西」（俄國），彼此承認勢力範圍。將中國的領土以經緯度列出，成為中國地理上的新名詞[309]，令人嘆為觀止。1912年，北洋政府袁世凱政權為取得英國、俄國的承認，先後承認西藏和蒙古的獨立，鼓勵英俄分裂中國的行為，留下日後各類外力介入和國際干預。

　　中國東北的利益事實上圍繞著鐵路管理局，俄國引用日俄戰爭後的有關鐵路協約，東清鐵道會社（管理局）的「一手經理」，故意認定鐵路總局在各國領館的所在地哈爾濱擁有行政權。這種名不正言不順的作為，給哈爾濱帶來日後永不停止的紛爭。所謂的鐵路局「議事會」帶有政治考量的人事安排和關稅徵收產生亂源，貽禍無窮。

　　日本為日俄戰爭獲勝也付出代價，除了傷亡高達數萬人，財務開支相當龐大，國內必須增加稅收，故必須尋找俄國猶太裔銀行貸款和新戰略夥伴。1909年，日本露出殖民者真實面目，併吞了朝鮮，接收俄國已經建樹的實質資產：東清的南滿支線管轄權。隨著鐵路周邊的礦產、森林木材和農作物也都成了日本的戰利品。1914年第一次世界大戰爆發，日本與英國簽訂盟約，趁著德國在歐洲戰場上失利，強行進兵占領膠州灣，奪取青島港和租借地，後出兵山東省會濟南。日本軍隊實際上已經越過租界區，向中國政府當時的總統袁世凱要求承認日本在中國東北、山東和內蒙的獨家開發權益，袁氏無力反駁其要求。這些不斷外擴的行

動沒有得到任何其他國家抵制，遂刺激著日本進一步併吞整個中國和亞洲的野心，1931至1945年日本在中國大肆侵略搜刮，最終因美軍參戰和中華民國政府堅持不投降繼續抗戰而失敗。日俄戰爭的勝利誤導了日本軍政府自認為無所畏懼、無所不能，影響到日本此後五十年價值扭曲的國家發展政策。

4. 亞洲烽火揭幕：日本借東北鐵路點燃戰爭

日俄戰爭的結果，是羅曼諾夫皇朝專制統治的失效。日本整體實力遠超過沙俄政府。波羅的海艦隊的潰敗，西伯利亞鐵路中東線運輸沒有發揮，在遠東失去支撐持久戰爭的能力。戰爭仍在進行中，沙俄政府在歐洲已面臨全國社會主義和大批工農民要求改革的風潮，三百年的專制制度不斷地被民主風潮挑戰，世襲農奴制度不再被容忍。1905年，激進的社會革命黨採取暴力手段，在莫斯科克里姆林宮前炸死沙皇亞歷山大二世次子謝爾蓋·亞歷山大諾維其（1857-1905）。數年間暴力刺殺政要事件頻頻，全國處於恐怖狀態，沙俄政府疲於奔命，應付國內的革命武裝勢力，還力不從心地支援遠東進行的殖民主義。1906年暫時平息國內海軍將領領導的叛軍，但遠東傳來的戰敗消息，激怒了俄羅斯普羅大眾，失去對沙俄的信心，剛熄滅的革命之火再度燃起。國內的民主派要求逐漸實現，沙俄容許了新的國會（俄語：Дума杜馬，Государственная дума杜馬國會）成立，地方議會普及，各行業工會成立。不平等待遇和窮困問題帶來持續工潮、抗稅行動和銀行擠兌。沙俄時代國內的工業基礎本來脆弱，農業的土地結構矛盾層出不窮，農產品缺乏市場化機制而浪費殆盡，農奴沒有自己的土地，生產力低落，導致

糧缺危機。財政問題始終沒有解決方案,對弱勢的中國雖是貸方,相對地對歐洲其他國家反而成了借方。

1914年俄國又捲入第一次世界大戰,俄與英、法、美、意聯盟,對抗奧匈帝國和德國、保加利亞和土耳其,派出近一百五十萬的軍隊,進入歐洲戰區,國家財政脆弱早已無法提供軍隊足夠的裝備和糧食,士氣低落,內外交困。1917年一次大戰仍在進行之中,俄國人民怒氣難平,示威遊行不斷,沙皇尼古拉二世3月宣布退位,列寧領導下的布爾什維克黨於11月攻占首都聖彼得的冬宮(Зимний дворец),適逢俄國舊曆(Юлианский календарь,儒略曆)10月,故稱「10月革命」,終於結束羅曼諾夫王朝三百年的統治,草草退出一次大戰。革命黨成立蘇聯蘇維埃共和國(Советская Социалистическая Республика,簡稱CCCP,英語USSR),俄皇尼古拉二世和其夫人、子女五人,於次年1918年7月16日在烏拉山區葉卡特琳堡被布爾什維克黨成員集體處決槍殺,俄羅斯的專制皇朝中止,畫上句號。

沙俄王朝結束的前後五年(1914-1920)間,保皇黨與革命黨內戰,試圖復辟的白軍與布爾什維克領導的紅軍爭奪政權,戰事延伸至西伯利亞,雙方企圖取得大西伯利亞鐵路主控權。日本、英國、美國為了本身利益,派出軍隊並供應武裝設備,協助以亞歷山大·科爾切克(Александр Васильевич Колчак, 1874-1920)將軍領導的白軍。戰爭內耗數年,大西伯利亞鐵路缺乏維修,功能停頓,日本趁機占領中國東北,取得東清鐵路段控制權,資助哥薩克叛軍對付俄國臨時政府紅軍。英國、美國也站在日本一方,為反共而力挺白軍,俄國嘗到了被其他國家企圖分裂的苦

果。紅軍終究取得優勢和政權，科爾切克於1920年1月被捕並遭到槍決，部隊投降，內戰結束，紅軍支持的蘇維埃政府取得完全執政。1925年，支持白軍的英美日聯軍，退出東西伯利亞，撤出海參崴。俄國復原重整，大西伯利亞鐵路各損壞路段陸陸續續復工。然中國的東清線和南滿線已經不保，中國東北和朝鮮先後落入日本勢力範圍。

1914-1918年第一次世界大戰時，英、美、法、日是聯合對付德國和奧匈帝國中央聯盟；俄國在1917年革命，撤出英、美、法抗德的陣營。1920年俄國內戰期間，美、英、日是同盟對付俄國。僅僅二十一年後，立場翻轉，美英俄同盟對付日本，國際政治反反覆覆，今日拉群一方，明日團夥對付另一方，美英俄日間國際政治變化從西伯利亞鐵路東清（中東）線建築起頭開始。

朝鮮本來是中國的附庸和進貢國朝鮮王朝，有五百年的歷史，受中國儒家文化影響，漢化程度極高，地理位置南北向，鄰近日本，北邊則與中國東北鴨綠江接壤。十九世紀後期，對外政策類似中國、日本，閉關自守，不對外開放。日本明治維新時期，於1876年入侵朝鮮本土，迫使其讓出港口通商權利，朝鮮政府向中國滿清政府求助，中國出兵數千人前往朝鮮首都，與日本發生衝突，後升級發生甲午戰爭。戰爭後，朝鮮不再歸屬中國，1897年朝鮮高宗李曦（1852-1919）稱帝，改國號大漢帝國，與中國徹底切斷宗藩屬關係。不到六年，日俄戰爭又起，夾在中間的朝鮮，雖沒有直接參與戰爭，但地理位置恰為日本進侵中國的「跳板」，土地、經濟資源為剛剛改革力圖西化的日本視為禁臠。朝鮮政府尋找新的戰略夥伴——沙俄，俄國趁機奪取朝鮮圖

們江附近慶源種城（Kyongwon Jongseong）礦山、森林開採權。日本首相伊藤博文（いとう ひろぶみ，Itō Hirobumi, 1841-1909）一度提議俄國以朝鮮和中國東北利益互換，俄國拒絕。1902年，日本與遠在歐洲的英國結盟，借助英國的建軍制度走向現代化，整體軍事力量大幅提升，更須擴充獲取更多資源，日俄衝突從朝鮮發展至中國的東北，導致1904-1905年的日俄戰爭。

日俄戰爭後，1906年日本在中國東北建立特別軍種關東軍，保護從沙俄手中強取建築完工的哈爾濱－大連－旅順線，日本稱之為南滿線，編制「滿鐵守備隊」，設立「關東都督府」，派遣一萬多人沿守鐵路，防止沙俄反撲。同時強逼清廷租借大連、旅順港口，雖沒有直接併吞中國東北，但關東軍從此常駐，並增加兵力至三萬，形同實控，持續與中國和俄國緊張關係。1928年，原來東北中方僅有勢力奉軍軍閥張作霖力單勢薄，難成氣候。同年6月4日，張作霖被日本設局炸死，東北中方群龍無首，接替者少帥張學良不久宣布歸順，遙望南京國民政府，但對日本關東軍並無抵抗行動。

1931年日本發動正式侵略行動，9月18日方策畫假旗行動，藉口南滿鐵路公司的瀋陽柳條湖附近路段（僅1.5公尺長左右）遭破壞，嫁禍中國軍隊企圖襲擊日軍，動員二十萬軍隊全面入侵中國東北，中東鐵路南滿線再一次被利用當成掠奪中國東北的沾有血跡的政治工具。

國民政府遠在南京譴責日本，訴諸國際社會制裁，鞭長莫及。東北奉軍失去領導張作霖，殘餘部隊組抗日義勇軍，分頭進行游擊戰。其中最著名的抗日領袖為馬占山、楊靖宇（1905-

1940)、趙尚志(1908-1942)、李兆麟(1910-1946)、周保中(1902-1964)、馮仲雲(1908-1968),分別擔任過東北抗日聯盟創始人,軍長和總指揮,他們以機動方式打擊日軍,破壞鐵路沿線,雖然沒有大規模地殲滅關東軍,卻時時給日本／滿洲國政府帶來困擾,關東軍為了徹底消滅抗日聯軍,強制管區內的中國人繳械,沒收近三百一十萬枝槍,大大消滅支持奉系的民間力量。

　　與日本關東軍合作的親日分子,原本是張作霖部署的張景惠(1871-1959),投入敵營,做了滿洲國的總理大臣,還有二十八歲涉世未深、孤陋寡聞的末代皇帝愛新覺羅·溥儀,被日本關東軍推上「滿洲國皇帝」寶座付諸空中樓閣,成為日本統治東北的傀儡工具。關東軍取得優勢,迅速占領了東北大部分地區,分別駐軍於瀋陽、長春、哈爾濱等主要城市。整個中國東北完全落入日本管轄,1932年3月在瀋陽(奉天)建立偽滿洲國。1933年國際聯盟(League of Nations,類聯合國前身)通過前往中國東北調查團的《李頓報告》(Lytton Report),認定「918事件」是日本預謀侵略行為,「滿洲國」的建立不符國際法,而且違反國際次序,以四十二對一票(日本)通過協議拒絕承認滿洲國,要求日本撤兵。日本政府惱羞成怒,日方代表松崗洋右(Matsuoka Yosuke, 1880-1946)為日本強辯無效,惱怒之餘率員當場退出會場,成為國際笑柄,和負面國際強權代言。日方仍剛愎自用,無視國際法則,於1934年3月扶植溥儀「稱帝」。日俄戰爭後,日本關東軍陸續進入中國東北,至1945年,整整四十年間,完全已將中國東北視為日本禁臠,不讓任何外力插手。1935年後,蘇聯在歐洲自顧不暇,注意力完全轉移。乃無視中國權益,將中東鐵

路所有權轉售給日本／滿洲國。1937年日本入侵北京，1941年德國納粹入侵白俄羅斯、烏克蘭和蘇聯。日本從中東鐵路和南滿支線的基礎上，透過傀儡政權滿洲國，繼續修建戰略、經濟資源掠奪和軍事運輸的八條路線，按性質分類如下：

1. 南滿鐵路（大連－瀋陽－長春－哈爾濱）主線
2. 敦圖鐵路（敦化－圖們）連接吉林省和朝鮮
3. 拉濱鐵路（拉法－哈爾濱）對東北北部軍事控制
4. 圖佳鐵路（圖們－佳木斯）掠奪經濟土地資源
5. 鶴崗鐵路（佳木斯－鶴崗）煤礦運輸
6. 綏佳鐵路（綏化－佳木斯）木材、礦產
7. 京圖鐵路（長春－圖們）（滿洲國的首都在新京，即長春）
8. 平梅鐵路（四平－梅河口）連接吉林和東北東南部

日本1932年建立滿洲國時，中東鐵路和南滿線總長約六千公里。1935年從蘇聯手上購買中東鐵路後，解散中東鐵路董事會，併入「南滿鐵路株式會社」（簡稱滿鉄）。1945年二次大戰結束時，東北鐵路總長約一萬二千公里，日本利用東北的礦產資源和中國的勞工擴展了將近一倍之長，最終拱手交還給中國政府。

日本併吞朝鮮：1905年後，日本勢力進入朝鮮，燒毀宮殿，殺害無數反抗者，指定使用日幣，廢韓文，徹底顛覆原朝鮮經濟現狀，導致韓人激烈反抗。1909年，朝鮮義士安重根（1879-1910）在哈爾濱車站刺殺日本駐朝鮮總督兼密院大臣伊藤博文，日本政府惱羞成怒，藉俄軍協助逮捕安重根，審判後在旅順監獄處以絞刑。接著，以高壓手段在朝鮮全境屠殺反抗人士，廢掉大韓帝國。朝鮮境內設立憲兵、警察，剝奪韓人言論自由，鎮壓示威遊行，持續殺

害數萬人。另設立總督府監督境內行政、立法，以軍事武力終極統治，將朝鮮變為日本保護國，實施殖民政策，強行推行日語教育。朝鮮反抗者在海外成立臨時政府，但無力有效對抗。

1909至1945年期間，日本徵召朝鮮男人壯丁從軍，納入日本的軍事組織，於不同時段或入侵中國，或與美軍作戰，將數十萬婦女編入「慰安婦」族群，供日軍官兵洩慾，成為日本在世界標誌性的恥辱，和今日朝鮮歷史上難忘的仇恨。日本政府迄今仍未完全覺醒，仍繼續為過去的惡行搽脂抹粉，避重就輕，拒絕認錯。2013年，中國政府在哈爾濱車站籌建安重根義士紀念館，日本駐中國領事還抗議，中方嚴加拒絕，要求日本正視過去歷史。筆者在旅順日本監獄親自見到當年安重根被處死的絞刑場所。沿著東清南滿鐵路，灑著血跡斑斑的事蹟歷歷在目，令人不勝唏噓。

1911年日本在鴨綠江上建橋，連接中國遼寧省安東（今丹東）和朝鮮的新義州，延伸到朝鮮京城（今首爾）和工業城釜山和仁川，建立起控制中東鐵路南滿線的密集交通網，精心的設計使日本從朝鮮開始，一路發展整體擴張和掠奪資源運輸系統、軍事上的補給和人力調動。日本設立的「朝鮮總督府鐵路局」以釜山、仁川等港口做中心，北向穿過鴨綠江進入中國東北（偽滿洲國），與關東軍的管轄勢力「南滿鐵路總局」，南向越對馬海峽與日本九州下關、門司、福岡（博多）、長崎，本州的大阪、神戶等港口海運直接和間接，成一體化的交通網整合。

1939年5月，駐中國東北的關東軍與親蘇聯的蒙古共和國在諾門罕邊界發生衝突，雙方派出數萬軍隊，戰事升級，這一段歷史中俄方面很少提及。雙方在中國的領土上開戰，這一次雙方都有

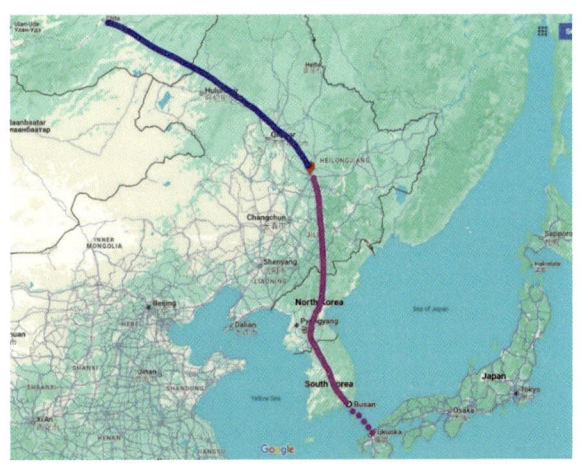

黃海與日本海中間的港口釜山南連接九州福岡，北上連接東北哈爾濱、俄羅斯赤塔。

約1.7萬至1.8萬人傷亡，但蘇聯軍隊占了上方，成功壓制關東軍的向西推進，日軍因而改變戰略，軍隊轉向入侵中國南方，蘇聯統帥朱可夫（Georgy Konstantinovich Zhukov, 1896-1974）得以專心將蒙古部隊調回俄羅斯歐洲對付德國納粹，俄日暫時終結衝突。

1945年的8月8日，蘇聯對日宣戰，9日凌晨率150萬大軍分別從外蒙古、烏蘇里江／黑龍江、北朝鮮三方向同時進入中國東北，攻擊日本關東軍，加速了日本／滿洲國全面投降。8月21日，蘇聯軍隊由中國東北進入北朝鮮平壤。同月25日，美軍也抵達朝鮮港口仁川。1950年美國與蘇聯決定共同監管朝鮮，以北緯38度線為界分治。中華人民共和國剛成立，派遣人民解放軍越過鴨綠江進入朝鮮，與蘇聯共同與美國對抗，朝鮮戰爭（韓戰）正式爆發，戰事慘烈，各有勝負。1953年，雙方同意以北緯38度線

為界,將朝鮮一分為二,北稱朝鮮,南稱為韓國,各有自己的政府。迄今兩國政府沒有統一,仍是亞洲衝突點和潛在的火藥庫。戰後日本、韓國在美國扶持下,與台灣、菲律賓、澳洲、新西蘭等編入太平洋防禦系統,與蘇聯(後俄羅斯)和中國勢力對抗。大韓帝國命運腰斬,同文同種的南北韓從此分治;儘管同文同種,意識形態迥異。

東清鐵路的建築導致這個地區的動亂和戰爭煙硝,人民傷亡,家庭失散,和平杳然無期,政治意識渾濁不清,路線走岔,造成國家分裂。日俄戰爭後,東清(中東)鐵路成了日本控制和運送中國東北物資回到日本本土的最主要輸送管道。鐵路經過朝鮮的港口釜山,作為中轉站,將朝鮮也納入日本和中國東北的經濟區,形成相互依賴的關係,朝鮮完全喪失了獨立自主權。

俄國分別在1939年和1945年兩次對日作戰,回報1904-1905年日俄戰爭的失敗和損失。蘇聯進軍東北後,俘擄近六十萬日本關東軍,送往西伯利亞集中營,從事戰後重建工程,在惡劣天氣和工作環境下,病死、餓死超過十萬人以上。這段傷悲歷史留給了雙方不可遺忘的記憶,蘇聯從此插手朝鮮、中國內政,遠東的戰事劍拔弩張,紛爭不已。日本被迫選擇與美國同盟,圍堵蘇聯在亞洲的新勢力擴張。

中國從1840年的鴉片戰爭後元氣大傷,不但制止不了鴉片貿易,毒品一段時間合法進入中國人的生活,人民身心受到摧殘。海關制度也間接落到英國控制之下,商業大門敞開無阻,列強侵略如入無人之境。1860年期間,外有英法聯軍入侵,內有太平天國全國起義叛亂。1894年因朝鮮問題與日本作戰而輸掉國力

大半,還將台灣割讓給日本殖民五十年,直至1945年。1900年義和團之亂引來八國聯軍揮軍入北京掠奪燒殺,並賠上巨額戰爭補償。如同非洲一樣,中國淪為殘酷競技場和次殖民地,1839年後的一百多年是中國歷史上最黑暗無望的年代。

中華人民國成立後,東北重劃分為東三省:吉林、遼寧、黑龍江,然而政府行政權已是有名無實,實際上為日俄占領區。1911年中國的反滿清的革命於湖北武昌發難,清政府統治二百六十八年結束,宣統皇帝退位,政治權力真空,國家進入背後有外國勢力支持的地方派系和軍閥割據期,各方派系在政治體系和意識形態中,不知如何選擇,或共和,或君主立憲,內捲和內戰,經常兵戎相見。袁世凱借助清廷原有軍事實力和日本支持,一度想復辟稱帝,引起各地軍閥反對,為此爭論不休,戰鼓不息。從1911年清朝被推翻後的二十年內(1911-1931),中國處於最動亂不安、國勢最弱的時期,日本於1931年在東北發動全面軍事侵略行動時,南方積弱的國民政府有心無力,束手無策。

1914至1918年期間,歐洲各國處於第一次世界大戰混戰之中,英、美、德、法列強無暇兼顧亞洲,日本出售戰略物資到歐洲獲取巨大經濟利益。鑑於中國人口眾多,地域廣大,無法一口併吞,日本採取「以華制華」策略,利用金融貸款和財務,籠絡中國境內各省軍閥,使其豢養軍隊擴充自己地方的勢力,形成中國推翻滿清帝制後的「軍閥之治」時代。

自1917年1月起,日本首相寺內正毅(Terauchi Masatake, 1852-1919)密友西原龜三(Nishihara Kamezo, 1873-1954)多次前往中國,與北洋政府交通銀行總裁曹汝霖(1877-1966)等人分別簽

訂多項借款協議。總額約為1.45億日元，作為金融、無線電、礦產、森林，和滿蒙山東濟順、徐高鐵路借款，中方則以鐵路權、礦產和森林收益權作為抵押。日本在中國東北扶植奉系張作霖、內蒙古八布札布（1875-1916）、直系北洋政府袁世凱、安徽山東皖系段祺瑞（1865-1936）和魯系張宗昌（1881-1932）。英國貸款給直系吳佩孚（1874-1939）、曹錕（1862-1938）；分裂中國為塊狀，以易蠶食，並維護在中國已經占領的其商業利益。法國在廣西培養桂系李宗仁（1890-1969）、陸榮廷（1859-1928），以確保將鴉片從中南半島透過廣西輸入中國的經濟利益；蘇聯則在廣州以財務資助孫中山建軍黃埔軍校。

英、法、日、俄與軍閥組織建立從屬關係，接受財務資助和武器裝備，順勢成為西方代理打手。這些軍閥的政治意識薄弱，自身缺乏生產力，難以認清殖民國家入侵的國際現實，反而擴大地方勢力，自設獨立政權割據一方，家國不分，甚至橫行霸道魚肉百姓，內耗嚴重，對外無力，引起中國人民對軍閥橫徵暴斂和巧取豪奪，切齒痛恨。茲列舉1915至1930年期間軍閥爭權奪利的內戰：「護國戰爭」（1915-1916）；「護法戰爭」（1917-1920）、「直皖戰爭」（1920）、「直奉戰爭」（1922與1924兩次）；「滇桂戰爭」（1925）和國民黨率領的北伐戰役（1926-1928），及「中原大戰」（1930）。其中第二次直奉戰爭，張作霖得勝後進入北京，自任命為「中華民國陸海軍大元帥」，廢除國會，放蕩不羈，目無法紀。張作霖與其子張學良曾控管中國最大一片領域（東北、河北、熱河、察哈爾），卻與日本關係不清不楚，最後導致張作霖被刺殺，其子張學良不做任何抵抗，將中

國東北拱手讓給日本。

南方的國民政府領導蔣介石（1887-1975）為了鞏固中央政權，與西北軍馮玉祥（1882-1948）、晉綏軍閻錫山（1883-1960）、桂系李宗仁展開長達近兩年的激烈鬥爭，這場內戰充分暴露了國民黨政府內部的不穩定性，以及各軍閥割據勢力的頑強抵抗。長期的內耗加劇了政局分裂，嚴重削弱了中國的國力，間接導致日本侵略者乘虛而入。1940年後，雖然蔣介石與國民黨政府獲得美國的支持，但始終無法徹底統一中國，內部矛盾依舊尖銳，國民經濟遭到嚴重破壞，財政危機加劇，民生困苦，社會動盪不安。這一局勢成為中國抗日戰爭爆發前的歷史背景，並為戰後的內戰埋下伏筆。

抗日戰爭結束後，蘇聯利用其在東北的戰略優勢，將接收自日軍的大量武器和軍事物資轉交給中國共產黨，使其軍力大幅提升。隨後，共產黨軍隊從東北逐步推進至中原地區，並與國民黨軍展開全面內戰。最終，經過數年的激戰，中共於1949年取得內戰勝利，建立中華人民共和國，而國民黨政府則退守台灣，形成兩岸分治的局面。

日本發動「九一八事變」後占領中國東北，卻缺乏正當理由，為了編織「合法性」，遂扶植滿清末代皇帝溥儀，將其從天津帶回東北，並於1932年以君主立憲形式建立偽政權「滿洲國」。該政權雖表面上擁有政府架構，實際上完全受制於日本關東軍。歷任「總理」鄭孝胥（生卒年1860-1938，1932-1935在任）與張景惠（生卒年1871-1959，1935-1945在任）皆由日方指派，而「滿洲國」的所有行政、軍事、經濟決策皆聽命於關東軍。

關東軍最高指揮官——武藤信義（1932-1934）、南次郎（1934-1936）、植田謙吉（1936-1939）、梅津美次郎（1939-1940）、東條英機（1941-1942）、山田陣（1942-1944）、山田乙三（1944-1945）——對東北地區實行絕對軍事控制，予取予求。其中，南次郎實施極為殘酷的鎮壓政策，推行「燒光、殺光、搶光」的「三光政策」，建立「集團部落」集中營，運用特務監控與酷刑手段，大肆屠殺東北平民，製造無數人道災難。

日本占領東北後，將其全面納入戰爭經濟體系，壟斷資源，驅使大量東北青年為其工業生產提供奴工勞力，並從日本本土轉移機械設備，在東北建立強大的軍工基地。至1945年戰爭結束前，日本為躲避美軍轟炸，將關鍵工業遷移至東北，使其工業總產量甚至超越日本本土，「滿洲國」成為侵略中國乃至整個亞洲的軍備重鎮。在日本外交操作下，全球八十多個國家中，數十個與日本關係密切的政權承認其存在，美化其侵略行為和屈服強權政治。

滿清自十七世紀從東北入主中原後，定都北京，逐步漢化，對東北已無深厚經營，這使得日本扶植「滿洲國」時缺乏強有力的本地抵抗。而中國國民政府在張作霖遇刺後已無力掌控東北，對「滿洲國」成立與東北淪陷也束手無策，僅能眼睜睜看著這一戰略要地被日本徹底掌控。

1937年7月7日，蔣介石領導的國民政府正式對日本宣戰，然而，當時中國東北早已被日本占領長達六年之久，中國深陷泥潭。兩年後，1939年，日本突襲美國在太平洋的珍珠港，企圖一舉奪取整個太平洋海域，迫使美國發起反擊。中國得以與美國並

肩作戰，成為抗擊法西斯政權和日本軍國主義的一部分。中國在此時完全捲入了第二次世界大戰的漩渦。

從1931到1945年，日軍對中國的侵略造成了無可估量的傷害。這一時期，中國不僅面對外來的侵略，還經歷內耗戰爭，國家一再遭受重創，歷經近一百一十年的國勢衰退（1839-1945）。日本的侵華戰爭，使得中國在近百年難逃「叢林法則」，弱肉強食的慘景，各種損失達到史無前例的程度，對人民造成了深遠的身心影響。

5. 滿洲國的黑暗統治：鐵路建設與殖民掠奪

十九世紀中期，隨著工業革命的發展，西方列強進入殖民時代，日本軍國此時崛起，加入爭奪行列。中國長期鎖國，對外國勢力缺乏應對經驗，當中國門戶被迫打開時，外國勢力迅速入侵，並強迫中國簽訂不平等條約。中國東北資源豐富但工業不發達，對中國經濟的依賴較小。相比之下，俄國看中東北的地理和物流價值，東清線與南滿線可直接連接海參崴與中國大連、旅順等不凍港。明治維新後，日本亟需資源，垂涎朝鮮和東北礦產資源和廣大腹地。1931年，日軍藉暗殺軍閥張作霖之機，逼退其繼承人張學良，迅速占領東北並建立偽滿洲國。日本強行推行日語和滿洲貨幣，將其與日圓掛鉤，切斷中國的貨幣體系，並榨取東北資源。1937年，日本全面侵華，國民政府在戰事與財政困難的雙重打擊下失去東北。

1945年之前，中國對東北的經濟上依賴不大，因天氣寒冷，工商業不發達，資源豐富卻也尚未開發。相對地，俄國對中國東

北的看法則大異，除了考慮土地擴充，開發經濟資源，東清中東線可以減少近數百英里的工程費用和建築距離，連接到達俄國太平洋的海參崴港口，和中國大連、旅順不凍港。明治維新後日本國內的工業，百業待興，所需的礦產原料，從鄰近朝鮮和中國東北取得是最方便的捷徑，看到朝鮮的虛弱，和滿清政府的腐敗無能，趁機入侵。

1932年日本建立偽滿洲國後，強制推行日語為官方語言，並發行滿洲國幣，與日圓按1:1掛鉤，實行「日滿貨幣一元化」政策，徹底切斷中華民國政府發行的法幣，並全面禁止使用。滿洲貨幣缺乏金銀儲備支撐，日本乃通過其金融體系操控匯率，大規模收購東北資源，進一步掠奪當地經濟。1937年，日本發動全面侵華戰爭，國民政府在軍事節節敗退的同時，財政體系亦遭受重創，資金枯竭，最終難以挽回東北淪陷的局勢。

日俄戰爭後，日本逐步清除俄國在中國的影響力，並在隨後的二十五年間不斷擴張勢力。日軍陸續進侵中國關內，占領綏遠、察哈爾、河北（含北京、天津）、山東、江蘇、浙江、福建、廣東等沿海省份，予取予求，步步蠶食各大城市。同時，日本封鎖中國沿海所有港口，切斷外部資源供應。中國本就缺乏海軍戰備，無法從海外獲取援助，南方香港與廣州相繼失陷，中國喪失所有出海通道，被迫將抗日基地撤至內陸的四川與雲南，艱難支撐戰局。

日本占領中國東北後，又侵入中國內蒙古，掠奪其豐富狂吃煤鐵畜牧資源，1933年，日軍進入察哈爾省占領多倫等城鎮，建立類似滿洲國的蒙古軍政府，企圖將內蒙古從中國分裂出去。

日軍在歸綏包頭大批土地上進行殘酷殖民統治，推行日本奴化教育，燒殺搶虐，破壞歷史文化古跡，強迫當地農民種植鴉片作為交換物質的成本，帶給當地各式嚴重災害和壓迫，通貨膨脹，物價高漲，經濟次序一片混亂。唯獨隔了沙漠戈壁受蘇聯影響的外蒙古，始終無法撼動。

6. 南京大屠殺與731部隊：日軍暴行的血證

　　1937年中國首都南京失守，日軍進入市區大屠殺，根據南京聯軍軍事法庭提出的數據，三十萬手無寸鐵的男女老少平民百姓遭到姦殺屠害。事件發生的時候，涉及的中國人在日軍的刺刀、槍械的威脅下不可能現場做紀錄。戰敗的日本政府及日本學者基於自尊與教育體系的影響，都稱南京屠殺事件被國際社會誇大，缺乏支撐資料。這種觀點，實乃日本政治家試圖淡化或否認罪行的掩飾之詞。

　　然獲得多項榮譽的美籍女作家Iris Chang（張純如，1968-2004）的著作《強暴南京》（*The Rape of Nanking*）[310]，用德國的紀錄片和文獻，給這一段歷史做了完整信實的回顧和檢討，此書1997年在《紐約時報》最暢銷書連續十週排名第一。德國當時與日本、意大利是軸心國聯盟，關係密切，相互學習怎麼用恐怖暴力手段進行法西斯行為，控制人的行為。日本入侵中華民國政府首都南京的那一段歷史，當時德國西門子公司駐南京代表約翰‧拉貝（John Rabe, 1882-1950）留下了日記和照片，後來提供給了作家張純如，以還原事實的寶貴歷史資料，曝光日本的殘暴行為。照片中展示日本軍人以砍下中國人民的頭顱多少作為比賽，

並驕橫地拍照留念，其強暴婦女、殺害嬰兒、活埋中國百姓等令人不忍卒睹的惡行，都是不可否認的歷史紀錄。

日本在湖北武漢扶植汪精衛領導的傀儡政權，試圖取代拒絕投降的國民黨政府。同時，日本占領整個沿海地區及中原，迫使國民黨將首都遷至四川重慶，此時中國僅剩西南與西北地區尚未淪陷。在日軍控制區的後方，共產黨游擊隊與民間抗日力量持續奮戰，對日軍進行抵抗。為徹底摧毀中國的抗戰意志，日本不斷轟炸內陸戰略重鎮西安、蘭州、昆明及重慶，其中重慶作為戰時陪都，遭受長達數年的空襲，累計遭炸近二千六百次，造成嚴重破壞與巨大傷亡。

戰爭結束後，蘇聯軍隊在中國東北哈爾濱查獲日本731部隊的祕密實驗室，該部隊由石井四郎（Ishii Shirō, 1892-1959）主導，專門研究生物武器與細菌戰，並利用中國平民進行活體實驗，以測試各種致病菌的傳播與致病機制，後應用於中國戰場，殘害無數無辜百姓。作為日本重點培養的機構，731部隊擁有充沛經費和龐大編制，最多時約有三千人，成員包括軍方高層、病菌學專家和建築工程師。其主要任務是為對抗中國、蘇聯和朝鮮開發生化戰，為掩人耳目，日軍將其設於哈爾濱市郊平房區，對外聲稱研究防疫與飲水淨化，實則進行各類慘無人道的生物與化學武器實驗。日軍培育並散播鼠疫、傷寒、霍亂、炭疽等數十種細菌，透過空投或污染水源的方式，使其傳播至民間，受害地區遍及浙江（寧波、金華）、黑龍江、遼寧、吉林、外蒙古及湖南（常德）。此外，該部隊還進行凍瘡實驗、人馬互換血液、毒氣測試及活體解剖等慘絕人寰的試驗，數萬名中國人、朝鮮人及其

他反抗日軍者慘遭折磨與屠殺。

筆者於2024年10月親赴哈爾濱731部隊遺址紀念館，查閱其作業紀錄，發現該段悲慘歷史在中國有詳細記載，然而海外華人知之甚少。後續筆者尋找俄國相關資料，得知蘇聯軍隊在伯力（哈巴羅夫斯克，Khabarovsk / Хаба́ровск）曾審判十二名參與活體細菌實驗的日本軍官，揭露731部隊的反人道罪行。然而，日本為保住這些戰犯的性命，竟將其生物武器研究成果祕密交予美軍作為交換條件。撤離哈爾濱時，731部隊還特意炸毀了15,000平方米的實驗室，企圖銷毀罪證。幸而蘇聯保留了審判資料，使其骯髒行徑得以曝光。歷史紀錄顯示，日本軍方竟將中國活體試驗對象稱為「木頭」（Maruta），視為試驗用品，貶低為次等人類甚至非人類。日本政府當時的戰略意圖究竟為何？是為了掠奪滿洲資源？禁止蘇聯勢力介入亞洲？還是妄圖統一世界？甚至要徹底滅絕中國的反抗力量？如此喪心病狂的行徑，令人不寒而慄。

中國的頑強抵抗，雖未能壓制日本控制沿海地區（台灣早在甲午戰爭後割讓給日本），但的確將日軍拖入廣袤內陸，使其戰略推進受阻。日本在中國戰場投入的軍隊最多時達二百萬人，加上傀儡政權滿洲國的一百萬華裔軍隊，雖然這些華裔士兵並非全然效忠日本，但在日軍的高壓統治下，難以組織有效反抗。日本為應對中國幅員遼闊、人口眾多的戰場，投入了大量軍力，進而影響其與德國、意大利的軸心國戰略協同。由於中國戰場的拖累，日本無力抽調部隊攻擊蘇聯，在亞洲還須分兵進入東南亞和南半球，與英國及澳洲軍隊在緬甸、印度對峙，使德日聯手發動歐亞戰線的可能性趨於零。

1949年蘇聯伯力軍事審判731生化細菌部隊十二名軍官名單[311]

　　朝鮮的命運同樣悲慘。自1895年《馬關條約》簽訂，中國被迫放棄對朝鮮的宗主權。1910年日本正式將朝鮮粗暴併吞為殖民地，統治長達三十五年（1910-1945）。期間，日本大肆掠奪朝鮮的農業和礦產資源，運往本土供應戰爭需求，同時將朝鮮建設為軍事與工業基地，服務日本帝國。大量朝鮮男子被強徵入伍或強迫參與軍需生產，女性淪為「慰安婦」，遭受非人待遇。日本還推行同化政策與文化壓迫，以日語為官方語言，操控媒體，灌輸軍國主義思想。長期的殖民統治與文化滲透導致朝鮮社會意識形態嚴重撕裂，成為日後南北韓對立的主要根源之一。

　　美國參戰後，日本的軍事行動受到嚴重牽制。其大部分陸軍仍被困於中國東北、沿海地區及鄰近內陸，以及亞洲的緬甸、印度戰場；而在太平洋戰線上，則須對抗美國強大的海軍艦隊與海軍陸戰隊。儘管日本戰鬥意志一度高昂，然而1942年中途島戰役後，日軍航空母艦艦隊遭受重創，海上戰力大幅削弱，不再具備

掌控太平洋的能力，只能固守琉球群島、關島與沖繩島。至1945年初，日本已開始在本土進行焦土作戰演習，準備進行最後的困獸之鬥。

1945年4月30日，蘇聯紅軍攻入柏林，納粹德國領袖希特勒自殺。5月8日，德國正式無條件投降，標誌著長達五年的歐洲戰爭落下帷幕。然而，太平洋戰場上的美日對峙依舊激烈，中國境內也開始迎來戰局轉機，對日軍展開更有效的反擊，並贏得多場戰役。

1945年8月6日，美國在日本廣島投下第一顆原子彈「小男孩」（Little Boy），瞬間造成約7萬人死亡。三天後，第二顆原子彈「胖子」（Fat Man）空投長崎，導致11萬人喪生。九天後，日本戰鬥意志崩潰，無力再戰。天皇以文言文發表〈終戰詔書〉，試圖掩飾敗績與自身無能，最終向盟軍無條件投降。

檢視日本長達十四年的侵華歷程，其間發生的恐怖屠城、性奴政策、強暴殺戮、任意逮捕、濫施酷刑及各種侵犯人權的惡行，僅憑文字記載不過九牛一毛，其罪行罄竹難書。歷史學者仍須不斷挖掘未被揭示的資料，進一步完善這段血淚史的紀錄。作為一名經濟史學家，筆者鄭重聲明：人類不能永遠困於歷史悲痛之中，然而，無論時光如何推移，也無人能代替在二戰期間慘遭日本侵華屠殺的千萬受害者，去寬恕這場殘酷而邪惡的暴行。

繼蘇聯殖民中國東北後，日本接手二次踐躪東北和幾乎整個沿海和內陸，標誌著中國在對抗殖民主義時期的極度衰弱。本書所描述這段長達十四年（1931-1945）的中國東北苦難史只是滄海一粟。若從日俄戰爭結束（1905）算起，日本掌控東清鐵路南滿線後，其

對中國東北的滲透與掠奪已延續超過三十年（1905-1945）。

7. 鐵路與帝國棋局博弈：貝加爾湖線與外蒙古命運的蘇聯算計

　　1904-1905年日俄戰爭後，日本視中國東北為禁臠，試圖在當地建立長期影響力。然而，這一計畫需要時間與機會。1911年中國革命推翻清朝，導致地方軍閥割據，南方成立國民政府，北方則由北洋政府掌控，而東北軍閥張作霖在日本的支持下崛起。日本為確保南滿鐵路的運輸安全與周邊礦產利益，提供張作霖武器、經濟援助及軍事顧問，希望他成為日本在中國的代理人。然而，張作霖並未完全屈服，他試圖發展自主勢力，推動平齊（承德－齊齊哈爾）、京奉（北京－奉天）、吉長（吉林－長春）等鐵路建設，以繞開日本控制的南滿鐵路，削弱對日經濟依賴。張作霖與日本簽署各種條約：如1922年的《日張密約》，承諾不與國民黨南京政府合作；如1927年《滿蒙新五路協約》，答應日本修滿蒙鐵路的權益和保護鐵路沿線的安全；1930年5月6日又簽《中日關稅協定》給予日本各種貿易優惠。張作霖虛與委蛇，卻不完全履行，還企圖自建鐵路，脫離日方控制。這一舉動直接觸及日本在東北的核心利益，導致雙方矛盾加劇。1928年，張作霖在由北京返回瀋陽途中，於皇姑屯被日本關東軍埋伏炸死。其子張學良隨後宣布「易幟」，歸順南京國民政府，並被迫離開東北。此後，東北軍勢力瓦解，日軍全面掌控東北，為1931年「九一八事變」埋下伏筆。

　　在中國東北局勢變化的同時，蘇聯也在歐洲戰場面臨巨大挑戰。1939年，納粹德國領袖希特勒為確保併吞波蘭的計畫順利進

行，與蘇聯領袖史達林簽訂《蘇德互不侵犯條約》。然而，希特勒對蘇聯一直心存疑慮，最終於1941年6月單方面撕毀條約，發動「巴巴羅薩行動」，動員150個師、350萬大軍閃擊蘇聯。蘇聯毫無準備，被打得措手不及，戰局陷入困境。德軍從北到南猛烈進攻，聖彼得堡（當時稱列寧格勒）與史達林格勒等關鍵城市遭受毀滅性打擊，烏克蘭與白俄羅斯等地區亦淪為戰場。蘇聯在這場戰爭中付出了慘痛代價，最終才在盟軍援助與堅韌抵抗下逆轉局勢，為後來參與擊敗日本埋下伏筆。

蘇聯決定將首都暫時遷往東部，西伯利亞鐵路就成為主要運輸工具。非常諷刺的是，這條鐵路在德國尚未攻擊蘇聯時，已經負起德國和軸心國同盟日本之間的資源運輸任務。1941年4月，蘇聯和日本也簽署了互不侵犯條約，原因是蘇聯也不想捲入德國征服歐洲的企圖，更不想與德國的盟友日本為敵，避免夾在兩大強權之間；而日本更不想在亞洲侵略行動時再增加一個戰場，遂將蘇聯暫且放在後面考慮，依據1904-1905年日俄戰爭的經驗，日本還是沒有把蘇聯放在眼裡。

當德國進攻蘇聯時，大西伯利亞鐵路已不再充當德日之間的物資運輸線，而是承擔起更為關鍵的戰略任務——將蘇聯歐洲部分的工業基礎與武器生產設備轉移至烏拉山地區，以保全戰時工業命脈。蘇聯一方面重新部署軍事力量，養精蓄銳，等待時機反攻德國；另一方面，則積極開發幅員遼闊的西伯利亞地區資源。由於俄日曾簽訂《蘇日中立條約》，加上德國已將蘇聯視為首要敵人，日本自身又深陷亞洲戰場，與中國和美國激戰正酣，根本無暇對付蘇聯。因此，大西伯利亞鐵路不僅成為蘇聯東部地區經

濟與軍事運輸的生命線，更是一條進可攻、退可守的戰略保障，確保蘇聯在東部無後顧之憂，得以全力應對西線戰事。

日俄戰爭後，俄國被迫讓出南滿鐵路的控制權，並與日本重新劃分中國東北的勢力範圍。哈爾濱以南的大片區域落入日本掌控，日本將當地鐵礦、煤礦、木材與糧食等重要資源源源不斷地運往本土。直到1960年之前，中國東北的公路建設仍未完善，當地運輸主要依賴傳統的牲畜騾馬，而南滿鐵路則成為人員運輸、醫療物資供應、食品補給與軍隊調動的主要通道。擁有鐵路控制權，加上軍事武器的優勢，日本將中國東北視為自家後院，肆意掠奪，毫無顧忌。

在滿洲國，日本實行嚴格的種族歧視政策，日本人享有絕對特權，而中國人則淪為次等民族，社會地位低下，生活條件極為惡劣。當地的金融體系完全由日本所掌控，銀行、工業、礦產及機械製造業皆由日本投資運營，三井、三菱等大型財團壟斷經濟命脈。南滿洲鐵道株式會社（滿鐵）不僅壟斷沿線商業活動，更涉足鋼鐵、化工及礦產領域，進一步控制當地經濟。日本透過企業合作社與糧倉把持糧食運輸與價格，導致中國農民與工人的生活愈發困苦。日本人在滿洲國的平均工資遠高於中國人，一名日本工人月薪可達50-80滿幣，而中國工人僅能拿到5-10元，農民收入更是微乎其微。此外，日本政府大力推行日中通婚政策，鼓勵日本男性迎娶中國婦女，試圖透過婚姻血緣鞏固其統治，然而成效甚微。

日本鼓吹「大東亞共榮圈」，宣稱要建立以日本為中心的東亞新秩序，號稱擺脫西方殖民統治，實則是為其軍事擴張與殖

民侵略披上合法外衣。這一計畫涵蓋了日本占領區,包括朝鮮、滿洲、東南亞的菲律賓、越南、泰國、馬來西亞、南洋諸島以及南太平洋地區。日本視中國東北和內蒙古為其「生存空間」主要基地,企圖通過掠奪資源和奴役當地人民來支撐其戰時經濟與軍事機器。透過南滿鐵路,日本全面掌控中國東北的交通與工業發展,將沿線車站、倉庫及其他設施變為軍事補給與戰略運輸網絡,使大連、旅順、奉天（瀋陽）、長春等地迅速形成日軍統治下的殖民社會。為了鞏固對當地的控制,日本利用特務機構與警察系統對中國人民施行高壓政策,無差別逮捕異議人士,施加酷刑,甚至進行大規模屠殺。同時,日本強行徵收高額賦稅,剝奪農民的生存權利,並強迫他們承擔日本移民拓荒的勞動力,導致民不聊生,百姓流離失所,東北地區淪為壓迫與剝削的殖民地。

中央金融集中管理的政策,使得日本在偽滿洲國推行幣制改革,強行將滿洲國圓與日元掛鉤,並廢除銀本位制,導致貨幣貶值和經濟動盪。滿洲國圓的發行迫使中國東北人民放棄法幣,完全依賴日方控制的金融體系,這讓日本得以全面掌控東北的貨幣流通與資源分配,加深了日本對東北的經濟掠奪,也為日軍在中國占領區發動「貨幣戰爭」奠定了基礎。1938年,日本在華北設立「中華民國臨時政府」,並由其發行「華北聯合儲蓄銀行」非信用保證的銀元券與銅元券,強迫占領區人民放棄法幣,以此擾亂內陸金融流通機制,破壞市場穩定。

1940年,日本扶植曾是孫中山左右手的汪精衛成立「中華民國國民政府」（1940年3月30日－1945年8月16日）,發行「中央儲備銀行」貨幣。此貨幣形式上模仿國民政府法幣,單位為

「元」，甚至抄襲孫中山頭像及中山陵建築圖案（如圖），有意誤導百姓接受。隨著戰爭推進，汪偽政權在日本的指導下於華東、華中地區發行了4.6兆（四萬六千億）偽幣，導致惡性通貨膨脹，嚴重影響中國底層人民生活。此外，日軍為圖方便，竟發行「軍用手票」，不設官定兌換比例，持票即可向百姓強買物資，留下「手票」即完成交易，欺騙中國商戶與民眾。軍票濫發造成嚴重貶值，使中國百姓蒙受巨大損失，如此削弱中國主權的惡行，在世界其他地區幾乎未曾出現。戰爭末期，通貨膨脹加劇，汪偽政權發行的偽幣與滿洲國圓同時崩盤，紙幣淪為廢紙，百姓手中的貨幣已無法購買任何基本物資。雖然中華民國最終贏得抗日戰爭，但國家經濟已被摧毀殆盡，日本軍國主義的殖民掠奪手段，無可辯駁地在經濟史上留下了血淋淋的鐵證。

日本透過南滿鐵路，在中國東北進行了大規模的礦產資源掠奪。據不完全統計，日本在東北共掠奪煤炭約10億噸、鐵礦1.8億噸、銅礦140萬噸、鋁礦10萬噸，以及其他重要金屬礦產，這些資源源源不斷地被運往日本，支撐其工業生產與戰爭機器。而南滿鐵路則是這場經濟掠奪的主要運輸動脈。日本不僅控制了礦產開採，還通過設立偽滿洲國政府，以官方名義壟斷礦業，剝奪中國人民對自身資源的使用權，讓東北成為日本戰時經濟的「後方

汪精衛傀儡「國民政府」發行的紙幣，非中華民國發行
（摘自「貨幣縱橫」）

滿洲國的一元鈔票
（維基百科）

資源基地」。

在被掠奪的礦山和提煉工廠中,日本普遍使用中國勞工進行高強度、危險性極高的勞動,且工資極低,甚至部分工人遭到強徵為「勞工奴隸」,勞動條件極其惡劣。統計顯示,礦區工人死亡率高達20%至30%,有些地區甚至更高,許多工人因勞累過度、設備簡陋、缺乏防護措施而遭遇礦難或病死。與此同時,城市基礎設施如供電、供水等均優先服務於日本軍隊及日本移民,而中國百姓則只能獲得最低限度的生活條件。此外,日本還在文化上全面推行殖民政策,在學校強制實施日語教學,壓制漢語教育,並大力推廣日本新聞與娛樂節目,使中國人民被迫接受日本文化洗腦,進一步鞏固其統治。

在日本的滿洲國統治下,對待不同民族的法律和待遇差異極其明顯。當日本人與中國人發生衝突或糾紛時,若日本人施暴或毆打中國人,通常很少受到處罰,反而中國人往往被處罰或送進監獄。這種極端的不平等待遇,是日本殖民政策的集中表現,顯示了日本對中國人民的徹底剝削和歧視。

此外,日本政府在東北設立了高級學校,供日本移民子女就讀,而中國人和朝鮮人卻只能進入等級較低的學校,有些地方甚至沒有為他們提供受教育的機會。這種教育上的歧視,進一步加深了民族間的差距,並抑制了中國和朝鮮人民的社會發展。在戰爭期間,東北被視為日本的額外人力資源基地。數以萬計的中國人和朝鮮人被徵召到日本本土及南洋占領區,充當苦力,強迫勞動。根據日本官方紀錄[312]和中國社會學院的研究報告[313],戰爭期間約有四萬至四十萬來自東北的中國勞工被送往日本北海

道、九州、廣島、新潟等地的礦場和工廠，這些勞工的工作條件極為惡劣，許多人未能活著返回。事實上，這些勞工的存活率不到50%。然而，日本官方資料，尤其是三菱、三井等大企業的資料，對這些事件的描述往往以小量化處理，戰後的東京審判資料以及中國學術界的調查則基於實際的調查結果，揭示了更加真實的情況。

日本政府對待中國人和朝鮮人的殘酷政策，不僅體現在勞動上，還表現在生活的方方面面，從教育到就業，從法律保障到基本人權，這一系列極端的不平等待遇，對東北的中國人民造成了深遠的傷害，也對日本的殖民統治留下了無法抹去的歷史印記。

在關東軍的嚴格控制下，東北的治安並不穩定，反而因日本在滿洲國設立了「鴉片專賣局」，情況變得更加嚴峻。該局負責監管鴉片的種植、製造和銷售，以此麻醉中國漢人，滲透到游擊區，進一步削弱反抗勢力。這種做法不僅使日本在當地建立了牢固的控制網絡，還擴大了鴉片的市場，掌控了整個產業鏈。更橫行無忌的是，日本甚至將鴉片作為硬通貨，來達到獨占地下經濟，並用鴉片的貿易收益支持其殖民地的運作。然而，在日本僑民和滿洲國高層官員的生活區，則完全禁止鴉片的交易，顯示出其雙標和金融陰謀。根據1937年統計，滿洲國的年度財政收入中30%來自鴉片稅收，這使得毒品在社會中廣泛流行，嚴重影響了社會風氣和民眾健康。鴉片的推廣成為日本在東北地區統治的核心手段之一，東北社會道德崩潰和社會秩序的惡化，不僅使中國人民的生活陷入困境，也讓日本在滿洲的統治變得更加殘酷和腐化。這一惡行一直延續到1949年中華人民共和國成立，東北地區

鴉片問題才得以徹底解決。

　　更為嚴重的是，日本侵占中國東北期間，對古遺址和墓葬的掠奪，到達令人悲痛，尤其是高句麗[314]七百年的文化遺產進行搜刮，日本奪取的目的是通過宣揚「滿洲、朝鮮一體」，美化殖民統治建立偽歷史依據。同時，日本挖掘中國遼金王朝故地，掠奪墓葬中的珍貴文物、金銀瓷器。滿洲國成立時，末代皇帝溥儀遷徙至長春，帶走大量故宮珍寶、書畫和古籍，被日本特務系統掠奪搜刮，因而流失到日本各地博物館和私人收藏。筆者曾在日本購得日本三大報系之一的《每日新聞》編輯「國寶」十二冊[315]，記載著日本各個博物館蒐集的中國文物，因不敢明說入館來源，妄稱代為保管。日本占領東北十四年，內陸大部分地區八年，掠奪中國文物成千上萬，無法造冊細數。日本占領遼寧省時將博物館宋明元清大量珍貴藏品送往日本，至今下落不明。撫順附近的墓葬、陪葬的金銀玉器，和瀋陽故宮大量的清代文化，帝王用的玉璽、祭器、繪畫等，也遭浩劫。時間流逝，大部分國寶不時在日本各大博物館展出，追討歷史文物的工作和精神，困難度與時並進。這種掠奪資源和殖民手段，巨大地損害中國人民的福祉和性命，造成沉痛深遠的創傷。

　　二次世界大戰期間，日本派遣數十萬青年男女前往中國東北和內蒙古地區開墾，意圖將這些地區完全日本化，並為戰爭提供更多的資源和人口支持。1945年隨著戰爭接近尾聲，日本國內的糧食短缺極為嚴重，特別是中國東北的糧食生產成為了支撐日本的關鍵。當時，米、麥、高粱、大豆等主要糧食作物從東北地區源源不斷地運往日本，這些作物一度支撐了日本全國所需糧食量

的50%。美國軍隊在太平洋島嶼的全力猛攻下，日本的外圍領土逐漸失守，對中國東北的資源依賴愈發加劇。

1945年8月6日和8月9日，美國分別投下歷史上殺傷力巨大的兩顆原子彈，廣島和長崎瞬間遭受毀滅性打擊。8月8日，蘇聯根據1945年2月與英美在雅爾達簽訂的密約，撕毀了曾在1941年與日本簽訂的《日蘇互不侵犯條約》，片面對日本宣戰，進軍中國東北。這一行為在國際上被視為蘇聯落井下石的行為，但若瞭解內情，其實並不令人驚訝。早在1943年，蘇聯領導人史達林已與英國首相丘吉爾（1874-1965）和美國總統羅斯福進行過密商，決定在德國戰敗後，蘇聯將向東進軍，對抗亞洲的日軍。1945年2月11日，英美蘇聯在雅爾達祕密簽訂協定，約定在德國納粹投降後，三國將共同對日作戰。然而，儘管德國在5月投降後，蘇聯並未立刻對日本宣戰，主要是因為蘇聯當時與日本簽訂的互不侵犯條約依然有效，且蘇聯仍在歐洲面對強敵德國。納粹德國與日本的結盟使得日本成為蘇聯間接的敵人，而與日本的互不侵犯條約已名存實亡。

當德國戰敗後，蘇聯進行了全面的攻擊，最終打進柏林，消耗大量的軍備力量。蘇聯軍隊在西線的戰爭極度疲憊，無力立即轉向遠東進攻日本。再者，將遠東的蘇聯軍隊運送到中國東北和朝鮮需要時間，經過大西伯利亞鐵路的運輸，最快也需要十天以上，並且需要多次的火車班次才能完成所有部署。因此，蘇聯決定等待最佳時機，以便集中軍力進行高效的作戰。

8月9日，美國投下第二顆原子彈，這一事件預示著日本的投降已經無可避免。蘇聯趁機發起了大規模的進攻，從內蒙古、烏

蘇里江和朝鮮出發，動員約170萬人軍隊、5,500輛坦克，分別進攻中國東北和朝鮮的日本關東軍。隨著日本天皇於8月15日宣布投降後，關東軍仍進行頑強的抵抗，但缺乏後續的補給和支援，最終難以維持。日軍在中國東北和朝鮮的戰鬥中損失約7萬至8萬人，而蘇聯軍隊的損失則為約3萬人。最終，駐紮在中國東北和朝鮮的日本軍隊全部向蘇聯軍隊投降並繳械，結束了在這一地區的軍事存在。

1945年蘇聯進軍中國東北歷史上第二次與日本軍隊對抗，但與1904-1905年的日俄戰爭同樣在中國領土上兩國廝殺，結果則完全不同。這一次蘇聯俘擄的60萬日本關東軍，大部分送至西伯利亞70個集中營做苦力，修路蓋橋，重建蘇聯，約有6萬至34萬人死於俄羅斯，9萬人失蹤。直到1956年（二戰結束後十一年）其餘殘傷部隊和住在中國東北的日本人才回到日本本土。戰後，蘇聯軍隊戰後並沒有立即撤出中國東北，反將日本在中國東北的日本工廠設備解體，當成戰利品，利用南滿鐵路和中東鐵路轉接西伯利亞鐵路，送回蘇聯。中國東北許多工廠變成廢墟，喪失生產力，嚴重地影響東北經濟民生的重建。同時也與俄共黨國際配合，把日軍繳械的武器留給了在中國東北的共產黨，培養做下一個中國內戰基礎，在未來的國共鬥爭中發揮出決定性作用，造成中國國民黨政府在歷史上無法解開的一個死結。蘇軍1946年5月才在中國國民黨政府的反覆交涉下，撤離中國東北，留在中國旅順的蘇聯海軍則到1955年才應中華人民共和國強力要求下離開，從1905至1955年經過將近半個世紀，東北領土至此才全部歸屬中國。

8. 冷戰暗影浮現：東清（中東）鐵路在中蘇對抗中的轉折點

在西伯利亞鐵路建設過程中，貝加爾湖的修築確實是一大挑戰。由於湖泊南北長約636公里，寬約79公里，總面積31,722平方公里，周圍河流多為南北走向，無法直接在湖中建設過長橋樑。為了克服這一困難，鐵路沿湖南端繞行，即經過蒙古北部，接東西伯利亞。在第二次世界大戰結束時，大西伯利亞鐵路的主要幹線尚未完成，從貝加爾湖以北至蘇聯太平洋的彼得羅巴甫洛夫斯克和海參崴軍港一段仍在建設中，預計還須二三十年才能完工。

為了確保大西伯利亞鐵路的暢通，蘇聯領導人史達林非常堅持外蒙古的獨立。他擔心如果中國無法抵擋日本，日軍可能會從中國東北進入內外蒙古，並沿貝加爾湖北上，切斷西伯利亞鐵路，從而威脅到俄羅斯東部的安全。1945年8月14日，即日本投降前一天，中華民國代表在蘇聯的壓力下與蘇方再次簽訂《中蘇友好同盟條約》，同意如果蒙古選擇獨立，中國將予以尊重，以換取蘇聯撤出東北、內蒙古和新疆。中國東北的回歸，是根據該條約。

然而，戰後國共內戰爆發，蘇聯雖然撤出中國東北，但將繳獲的日本投降武器轉交給中國共產黨。1950年，中國共產黨贏得內戰，蘇聯此次乃與中華人民共和國簽訂《中蘇友好同盟互助條約》，主要內容是蘇聯向中國提供工業技術協助。該條約取代了1945年中華民國簽訂的《中蘇友好同盟條約》，再次確認中國承認外蒙古獨立的事實。這段歷史顯示，外蒙古如何從中國的保護國脫離，並成為蘇聯的一部分，直到蘇聯解體。外蒙古於1992年完全獨立，成為共和國，但其經濟和政治制、語言和文化深受俄

羅斯影響。

大西伯利亞鐵路在這五十年間扮演了多重角色：運輸資源、軍隊、武器，鼓勵移民，發展全俄羅斯的經濟，貢獻無與倫比。從1896年《中俄密約》簽訂起，俄國的西伯利亞移民迅速增加，到1921年人口成長了一倍。進入中國的中東線和南滿線也承擔類似的任務，一開始就注入了政治動機的基因，像血管般，伸入亞洲國家疆域（日本的庫頁島、中國東北和朝鮮）的命運體，時而東向，時而西向，或向南向北，全看哪一個有機體的影響力道比較大。

中國在密約簽訂時所預期的效益完全落空，除了引來日本和俄國野心膨脹，和軍事勢力擴充。中國的災難並未因為二次大戰的結束而結束，中國東北邊界和朝鮮仍是未來日本和蘇聯的角力競技場。

1958年，中蘇政經意識分歧，中國對蘇聯指導不再言聽計從。次年，蘇聯撤回駐在中國的工程師和經濟顧問，兩國相互批評，關係惡化。1962年，中蘇又因邊境發生衝突，局勢緊張。1969年，中蘇邊界珍寶島發生武裝衝突，是近一百年中俄關係史上，中國首次對俄國表現強硬不讓的反制行為。中蘇雙方關係降至冰點，中國、美國開始尋找共同利基，美國總統尼克森訪中，隨後中美重新建立外交關係，相互承認。中國方面的周恩來（1898-1976）和鄧小平（1904-1997），和俄國外長阿列克西・柯西金（лексей Николаевич Косыгин / Aleksey Nikolayevich Kosygin, 1904-1980）漸將中俄緊張局勢降溫。中俄同盟密約簽訂八十年後，雙方第一次重新探討相互平衡的彼此關係。

走岔的西伯利亞鐵路
——《中俄密約》與國際政治博弈 1896-1970 on

第七章

東清（中東）鐵路所有權的博弈：帝國夢碎

1. 易名易主：權益轉手的背後交易

根據1904-1905年日俄戰爭後訂的《樸次茅斯條約》，日本取得哈爾濱至旅順線的鐵路所有權，改稱南滿線。1917年俄國革命，沙俄羅曼諾夫王朝結束，原來沙俄與清廷聯手建立的東清鐵路主權都成懸而未決，蘇聯內戰（1917-1922）時期，白軍一度占據大西伯利亞鐵路沿線，包括中國部分的東清鐵路，隨著紅軍勝出利，蘇維埃政府逐步恢復了對鐵路的控制。

1921年蘇俄與中國的北洋政府設立了「中東鐵路管理局」，東清鐵路的名稱改為「中東鐵路」（意即蘇俄在中國遠東區的鐵路），中蘇在名義上共同管理，實際上鐵路機械技術和維修和管理方面，蘇俄占絕大部分影響力。1924年，中蘇簽署協議「中東鐵路」為中蘇共同財產，拋棄原維德和李鴻章簽署《中俄密約》有關東清鐵路的公司組織，雙方按照對等原則管理，意味著蘇聯在中國領土上仍有鐵路管理主控權。1928年，中國東北的軍閥張作霖被日本關東軍謀害炸死。1929年，其子張學良下令動員十萬人攻占中東鐵路總部，驅逐蘇俄管理人員，全面接管中東鐵路。但蘇方立即派兵入侵東北，兩個月內擊敗張學良部隊，恢復對中東鐵路的控制，1930年與中方再度簽署《伯力協定》除了割讓東北最東邊的總面積約327平方公里的黑瞎子島（2008年蘇聯歸還一半給中國），作為賠償，讓出對中東鐵路的共管權。自不量力，冒失用兵的東北軍閥第二代張學良為此次行動付出代價，折損自己實力。1931年9月18日，日本攻占瀋陽時，他既無力也無意願抵抗，導致關東軍氣勢更凶，張學良屬部儘管數量較多，但裝備武

左：中東鐵路局紀念碑（筆者攝於哈爾濱鐵路局舊址，2024年10月）
右：筆者攝於哈爾濱中東鐵路博物館前，2024年10月

力落後，被迫離開東北，奉軍拱手讓出整個東北領土給日本。

關東軍發動的「918」攻擊，留下歷史上日本正式侵略中國紀錄，日本的出兵造成了與蘇俄自1904-1905年日俄戰爭以來，第二次在中國東北的正式戰事，追溯起中東鐵路仍是俄日雙方的權益的引爆點。1917年，沙俄革命後，俄國進行長達五年的內戰，因而在遠在中國的東清鐵路管理瞬間變成權力真空，鐵路所有權的爭議重新談判。1920年，中國的北洋政府此時仍與俄方共管非日本控制的南滿鐵路，就是原來從海參崴經哈爾濱、齊齊哈爾、滿洲里通往赤塔的部分，為與南滿鐵路有所區分，將東清鐵路改稱為「中國東部鐵路」。

2. 蘇聯出售中東鐵路：利益算計與國際角力

由於俄國方面鞭長莫及，中國政府面對日本侵略虛弱無力，

中東鐵路遭到東北抗日勢力嚴重破壞，維修營運問題日益嚴重。日本曾向中東鐵路局提出二億日元貸款，或考慮出資收購，但被俄方拒絕。1930年，紐約股市崩盤，全球金融大蕭條，蘇聯備受影響，雖仍掌管中東鐵路營運，但已無法帶來經濟效益。1929至1931年，收入銳減近50%，被迫裁員。1932年，日本在中國東北建立偽政權滿洲國，國際聯盟不予認可，卻得到歐洲一些親德國的國家如意大利、奧地利等承認。1933年，日本透過滿洲國要求蘇聯將中東鐵路由俄日合營，日本在滿洲已建立起強勢政經控制系統，中國已經失去東北地區，對中東鐵路營運毫無話語權。

1933年5月9日，南京的國民政府向蘇聯抗議出售中東鐵路的意圖，宣稱蘇聯不得出賣中東鐵路，沒有經過中國同意是非法行為，兩日後蘇聯外交人民委員會李維諾夫（Maksim M. Litvinov, 1876-1951）透過塔斯（俄國新聞）答覆聲稱：「奉天協定沒有賦予中國政府限制中東鐵路出售給滿洲國的權利，中國政府早已放棄其行使權，南京的國政府沒有權利援引這些協定的法源。」[316]蘇聯政府顯然罔顧沒自己有付出任何成本，而取得修建中東鐵路的中國東北土地及上面的土地資源，和當初修建這條鐵路的初衷，遑論蘇聯政府如何能繼承沙俄政府和道勝銀行的股份。

日本此時與德國納粹政府友好關係，遠超過日蘇關係，日本乃單方面中止中東鐵路至貝加爾湖的直通列車，同時在東段切斷綏芬河至烏蘇里江到達海參崴港口最主要的運輸功能。日本透過滿洲國關閉蘇聯國貿局，和俄羅斯在哈爾濱的銀行，規定中東鐵路的運費必須使用滿洲幣制計算。蘇聯當局遠在莫斯科受制於歐洲局勢，蘇俄感到無比的壓力，不想在遠東地區再與日本樹敵，

對鐵路營運難以兼顧，啞巴吃黃連，硬吞苦果，乃考慮放棄中東鐵路的所有權。

1933年5月2日，蘇聯外長李維諾夫向日本駐蘇聯大使太田為吉（Ota Tamekichi, 1880-1956）提議出出售中東鐵路。日本政府在給太田為吉的指令中直指中東鐵路俄方所有權和營運是遠東和平的「禍根」，意即必須斬草除根，對此中東鐵路提議欣然接受。蘇聯和日本／滿洲政府討價還價數次，終於達成協議，蘇聯於1935年將中東鐵路」股權以一億四千萬日元（相當於今天的七千萬美元）出售給日本。同年3月12日，日本與蘇聯達成購買協議，另發員工遣散費三千萬日元。3月15日，日方派遣數千人員至中東鐵路哈爾濱總局接管。3月23日，日俄雙方代表正式簽訂《中東鐵路讓渡給滿洲國協定》，中東鐵路管理局改稱為「滿洲國鐵路管理局」（簡稱滿鐵），中東鐵路的所有部門和資產全部由俄方轉移給滿鐵，所有權和管理權由日方完全操控。蘇聯和日本／滿洲國政府決定將中東鐵路更名為北滿鐵路。

根據1924年的中蘇協定，中俄雙方共同擁有中東鐵路所有權，而今蘇聯竟然片面將中東鐵路出賣給日本，完全沒有照會當時的中華民國政府參與鐵路股權出售事宜。日本用廉價買到整個中東鐵路（原始的東清鐵路）和搶得南滿鐵路的所有權，中國的東北易手於日本和日本傀儡滿洲國政府，正是中國東北噩夢的巔峰期。這個舉動大大出乎中國的意料，雖然清政府在當初與沙俄共同出資建造的東清鐵路，清政府以貸款形式出資五百萬盧布，還約定在三十六年內將整條路線贖回。沙俄政府也於1917年被推翻，何以解釋為什麼蘇聯可以繼承舊沙俄東清鐵路的資產，而清

政府的資產負債為什麼不能由後來的中華民國民政府或中華人民共和國來承擔？鐵路的投資和路線的擴充與時並進，帳目斷層而股份早已被稀釋，所有資產評估必須更新校正。中東鐵路的權益究竟如何支配，國際公法無法說得清楚，強權操弄就是正道？

這是第一次蘇聯將東清鐵路（中東鐵路）當成商品出賣，國民黨政府外交部長張群（1889-1990）曾提出嚴正聲明，抗議蘇俄方面單方面出賣中國利益，對中東鐵路產權轉讓給「滿洲國」憤怒不滿並嚴重抗議。然國民黨政府在南方無力扭轉中國在東北的頹勢，力所不及，無法做任何實質改變。日方付款後，日本滿鐵株式會社接受中東鐵路所有權，遣散蘇聯管理及工作人員近六千人，家屬二萬人，俄方只賣路線，因為寬軌規格不適合日本窄軌，將近四千輛火車頭和列車撤回至蘇聯。成交後日本（滿洲國）於1935年8月31日將中東鐵路的各段軌距逐漸將俄式的寬軌1,524釐米改成歐亞日式的窄軌1,435釐米，與南滿鐵路連接，一個「丁」字形的「滿洲國」鐵路首次統一軌距，通行於整個中國東北。

偽滿洲國鐵路總長度達到一萬二千公里，從中東鐵路的基礎上增加了六千公里，主要的幹線有南滿鐵路（長春－大連）、北滿鐵路（哈爾濱－滿洲里）、安奉鐵路（瀋陽－營口）、吉敦鐵路（吉林－敦化），另外修建了鞍山－撫順的專線，運輸鐵礦、煤礦、木材、糧食。日本滿洲國在東北不重視公路，基本上以鐵路為主，公路只用來輔助鐵路的短途運輸和區域連接，認為公路效益不高，路面多為土路和碎石，維護成本高，而且受冬天風雪天氣影響，建築標準低和使用壽命過短，所以公路的總里程雖然

中東鐵路的寬軌車廂，現列為紀念物（筆者攝於哈爾濱鐵路站，2024年10月）

有二萬里路，但缺乏規劃，形成對農村和山區無法覆蓋的差別待遇。城市的交通連接模式承擔絕大部分的資源運輸和軍用物資調動。新中國成立後也延續這種以鐵路為主的交通模式。

　　北滿鐵路融入南滿鐵路系統後，仍服務關東軍運輸和掠奪中國東北經濟礦產資源為主，與蘇聯曾經控管中東鐵路時期以商務經濟利益為主略微不同，日本加強用滿洲國和中東鐵路影響中國東北的地方勢力和文化。滿洲國的政府要員多由日本人出任。透過自編自導的《日滿協定書》，成為日本的附庸國，日本顧問全面滲透各個機構，操縱司法行政和軍事決策，沿線建立大量軍事據點和防禦工程，掌控主要城市和交通樞紐。以「治安肅正運

動」為名，清剿中國東北抗日聯軍和義勇軍，重用特務機構和憲兵隊進行鎮壓。

東北資源豐富，日裔人口相對較少，在日本本土推廣「滿洲開拓團」，鼓勵青年男女移民，建立日人控制的農場和工廠。控制媒體，以日語為官方語言，推行虛假廣告「王道樂土」強調「日滿一體」，美化其殖民統治。事實上，中國東北人口在1932至1945年期間滿漢人口已有4,000萬左右，滿人比例約15%，漢人占絕大多數，約83%，而滿漢人已經彼此融入，滿人與漢人通婚情況高達三分之一。然日本極端歧視滿/漢人，鐵路運輸乘客政策將日人和滿/漢人分開，列車上注明：上等座「日人車廂」和下等座「滿人車廂」，設備不同，舒適寬敞的僅供日人使用，中國人乘坐的車廂簡陋擁擠，票價反貴，必須排在日本人後才可購票登車。公共場所的廁所同樣區分成「日人專用」和「滿（漢）人專用」，很多餐廳、浴場和旅館掛牌「禁止滿（漢）人進入」。鐵路公司的俱樂部、劇院只對日本人開放。主要管理階層職位，皆由日人出任，中國員工只能做低薪的體力活，工資待遇遠遠低於日人，將滿/漢（中國人）當成次等民族，甚至比朝鮮族還要低一級，這樣的情況也發生在煤礦區、工廠和其他工業領域。

日方派遣大量日裔技術工程師和管理人員進駐南滿鐵路局，中國東北奴工做底層工作，完全聽命於日本政府和關東軍指令，制度高度集中和軍事日本化管理，罔顧中國東北地方經濟和民間生活，整個鐵路沿線由日本統治，引進機車設備和信號系統，所有沿線設施均推行日語教育和日語行程作息時間表。日本從1931

年到1945年,從日本移民近150萬人,整整十四年利用南滿鐵路運輸、壓迫本地勞工,持續進行大規模資源掠奪,送回日本本土和滿足關東軍的殖民和軍事目的。

3. 《雅爾達密約》:鐵路命運的歷史轉折點

二次大戰結束前之1945年2月15日,英國丘吉爾(首相)、美國羅斯福(總統)、蘇聯史達林(總書記)在克里米亞的雅爾達區簽訂戰後協定,除討論即將戰敗之後的德國首都柏林的管理章程和東歐疆域(如波蘭)的重建次序之外,也規劃有關亞洲戰後模擬藍圖的戰爭局勢。因為當時中國在蔣介石領導下的抗日作戰實力沒有得到美國的認可和信任,中國的軍事總指揮蔣中正未受邀參加會議,英美乃仰賴蘇聯的軍事力量,參與亞洲的戰事,在會議中都盡量以蘇聯的索求為依據。美英蘇三巨頭同意在日本全面投降後,關於中國戰場有三個主要決定:(一)外蒙古現狀必須維持,中國必須允許外蒙古獨立。(二)1904-1905年日俄戰爭俄戰爭前之沙俄的權益全部歸還蘇聯,日本占領的庫頁島還給蘇聯。包括設大連為國際性商港,蘇聯享有優先利益,可停泊蘇聯海軍,中國將旅順軍港租借給蘇聯。(三)確保蘇俄於滿洲之優先利益,中蘇合營日本在東北的鐵路權。(見附件如下)

蘇聯顯然並未忘她曾經在中國東北建造的東清(中東)鐵路,和沿線擁有的礦產資源和巨大的商業利益。《雅爾達協定》(即《雅爾達密約》)特別約定在歐洲的德國納粹政府投降後的二至三個月內,蘇聯在遠東對日本出兵,出兵的對價條件即為索回1904-1905年日俄戰爭後,俄國讓渡給日本在中國東北的權益。

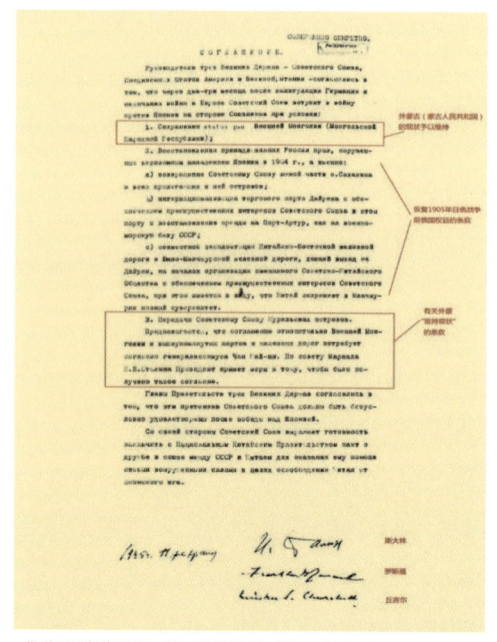

走岔的西伯利亞鐵路
——《中俄密約》與國際政治博弈 1896-1970 on

《雅爾達密約》俄文版原稿 簽署人史達林、羅斯福和丘吉爾，1945年
https://www.noo-journal.ru/krymskaya-yaltinskaya-konferentsiya-1945/

《雅爾達協定》三巨頭合照（維基百科）

尤其是第三點：蘇聯要求和中國共同經營日本的南滿（前東清／中東）鐵路系統，日本撤軍後，滿鐵的所有權應當完全還給主權國中國，然英美承認蘇聯持有南滿鐵路一半的所有權。如前一節所述，蘇聯在1935年3月已經將中東鐵路以1.4億元日幣的價格賣給了日本／滿洲國政府，怎能此刻再一度宣稱她擁有南滿鐵路一半的所有權？

《雅爾達協定》是在祕密情況下進行的協商。1896年，李鴻章與維德簽訂的密約所建立的東清鐵路（後中東鐵路和南滿鐵路），清政府在所有權和經營權上仍與俄國有合作的關係；而雅爾達會議，在三國強權政治斡旋下，卻無視歷史紀錄，達成的協定不但損害了第四國——中國——的權益，事前更完全將中國排除在協商之外。中華民國政府被悶在鼓裡，無法抗議，因抗日戰事已經精疲力盡，抗議也無濟於事，僅只是被通知《雅爾達協定》的內容罷了。中國是對抗法西斯軸心國的戰勝國之一，卻不能在自己的領土上做決定，只能默默地吞下苦水：接受蘇聯為東清／中東鐵／南滿路的營運執行者。

1945年7月26日，美英中三國發表《波茨坦公告》要求日本無條件投降，此時日本在太平洋已經露出敗象，仍做困獸之鬥。8月6日與9日，美國分別在日本廣島市和長崎市投下毀滅性的原子彈。8月15日，日本天皇對全國廣播正式向世界宣布投降。投降前一天的8月14日，依據《雅爾達協定》原則，中蘇簽訂《中蘇友好同盟條約》與《中華民國與蘇維埃社會主義共和國聯邦關於中國長春鐵路之協定》，中東鐵路和南滿鐵路兩條主要運輸線合併改名「中國長春鐵路」（中長鐵路），重新組織中長鐵路局

理事會，中方擔任理事長，有名無實，蘇方擔任實際執行的鐵路局長，由中蘇共同經營三十年（至1975年），期滿後無條件全部歸中國政府接管。《雅爾達密約》落實將蘇聯在1935年已經出賣給日本的中東鐵路所有權又無償地送給蘇聯，還加上日本在所有中國東北鐵路沿線的設備廠房、發動機和列車等資產當成額外的利息，蘇聯以勝利者姿態「整盤」端走。

蘇聯軍隊在日本投降的前一週，也就是8月9日加入英美中的〈波茨坦宣言〉對日宣戰，從西伯利亞、外蒙古、朝鮮、烏蘇里江分別進入中國東北，不到三週就席捲北朝鮮、庫頁島和千島群島，和日本控制的滿洲國領域，擊斃近十萬日軍和俘擄了約六十萬人。蘇聯控制了整個南滿鐵路的營運和資源支配，而且以維護遠東秩序為名，占據中國東北各主要城市，戰爭雖已結束，蘇聯並未撤兵。

1945年11月，瀋陽南站蘇軍竣工貝加爾坦克將士紀念碑，碑頂用十三顆中國的銅錢鑄造，坦克炮管朝向日本坐標方向
（首席收藏：http://coin.shouxi.com/news/opinion/2023/0724/10251.html）

4. 蘇聯巧取豪奪：吞食東北日本資產

1945年8月6日美國在廣島投下第一顆原子彈。兩日後蘇聯對日宣戰，日本天皇裕仁8月15日發表〈終戰詔書〉，宣布無條件投降。如果蘇聯沒有在8日宣戰，那麼日本全面投降後蘇聯就沒有派遣百萬大軍進入中國東北的藉口。蘇聯進入中國領土後僅六日，已將日本滿洲國所有工業設備資產視為戰利品。日本／滿洲國在在中國東北已經建立起龐大的經濟體系，東北的鐵路建築已經長達約12,000公里，是中國內陸約2,000公里的六倍。日本建設滿洲國如飢似渴，當成自己的家鄉，生產力極高，世界工業競爭力排名前茅，「滿洲國首都」新京（長春）已擁有極具規模的軍工、鋼鐵和機械產業。

根據1907年《海牙國際公法‧陸戰章程》，戰勝國對占領國財產的處理，必須分清是公產還是私產，私產不可侵犯。公產則分動產和不動產。動產如現金、車船、飛機可視為戰利品，不動產如房屋、土地、工廠、礦山連同機械設備一律不得搬運或破壞，因為經過搬運移位價值比蕩然無存。戰後的東北，中華民國軍隊的權力真空，蘇聯的軍隊已駕臨日本關東軍之上，藉著與美英簽訂的《雅爾達協定》師出有名。二次大戰後，中華民國軍隊企圖進入中國東北接受，卻被蘇聯阻擋，所用的藉口就是與英美達成的雅爾達協定，它反而提供了蘇聯強勢入侵中國東北的「非國際正義」的管道。

然美英和中華民國抗議蘇聯掠奪日本在中國東北的資產和工業設備，完全無效，從1945年至1947年，蘇聯對日本／滿洲

國（中國東北）的各種資源幾乎一掃而空：其中包括滿洲重工業（滿洲重工）及其相關事業，如滿洲碳礦株式會社、滿洲電業、鞍山製鐵所、昭和製鋼所、大連港灣株式會社、滿洲航空、滿洲紡織、大同煤礦、滿洲石油、滿洲開拓株式會社、滿洲建設，及南滿鐵道株式會社。蘇聯占據期間，將上述工業單位的重要經營人員收押，逼迫主管交出存貨設備資產清單，以便系統式搜刮和運送。運輸之前，將滿鐵鐵軌距離，再次從窄軌（1,453釐米）改為俄式寬軌（1,524釐米），以防日本或占領日本的美軍翻盤，對蘇聯在國防上造成威脅，也想藉此一鼓作氣、一勞永逸地消滅日本在中國的勢力。

　　蘇聯瞄準日本／滿洲國的工業接管、拆卸，和搬運的物流工程巨大，這包括從日本關東軍手上繳獲的武器如飛機、坦克、槍枝彈藥和大量軍事物資，甚至連日本／滿洲國政府建築內的家具都不遺漏。蘇聯俘擄了日本工程師和技術人員，利用他們的知識和經驗，帶回能源材料和技術，獨家掌握東北的資源。據蘇聯和國民黨政府的不完整統計，蘇聯從東北接管拆卸運走日本資產價值約當時的20億美元。

　　日本／滿洲國在整個東北發行了約130億滿元（日元與滿元1:1掛鉤），人民在金融機構存款約30億。當滿洲幣廢用，等於對中國東北人民負債160億，還不算蘇聯從日本滿洲國銀行中奪取的金銀金屬、貴重珠寶和古董。

　　日本投降後，滿洲國政權的存在失去支撐，發行的幣制也立即無效，整個地區的流通貨幣「真空」，蘇聯紅軍司令部一邊沒收當地滿洲國幣，一邊有樣學樣仿效日本在中國內陸發行的軍用

券而印刷蘇聯的「紅軍票」，與蘇聯盧布等值兌換，搜刮當地資源和勞務支出，造成經濟混亂，這種缺乏信用保證非官方的貨幣流通，導致人民無所適從交易困難，生活成本如糧食物資立即短缺而物價高漲，這種情況延續到1949-1950年中國人民政府以自己發行的貨幣30:1的比例將蘇聯紅軍券收兌。

利用「控制貨幣即控制經濟」的手段，蘇聯在中國東北的掠奪和搬運持續到1949年前後，日本／滿洲國在東北留下來的資源幾乎完空。1950年2月14日，史達林才與毛澤東（1893-1976）簽訂《中蘇友好同盟互助條約》，始將殘餘價值或無生產價值的舊老設備留給中華人民共和國，慷他人之慨以示友好。蘇聯軍隊一邊撤軍一邊將武器和占領地盤交付與蘇聯，也是中國共產黨在中國東北勢力壯大，而壓倒國民黨政府的最大支撐。

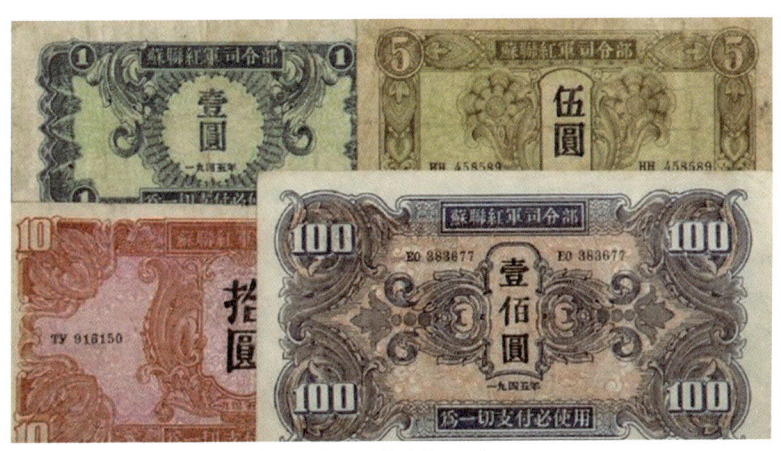

1945-1949年蘇聯在中國東北發行的軍用券（騰訊網）

5. 雙面外交：外蒙古獨立與中長鐵路的對價交換

外蒙古于1911年12月1日就曾經宣佈獨立過，1917年蘇聯成立後，就鼓動外蒙古脫離中國附屬保護。分別在1921和1925年間，趁著中國北洋政府尚未穩定國內政局之時，再次宣佈獨立，但始終未得國際上認同。

蘇聯在亞洲戰爭結束後，在遠東的另外一個最大訴求就是要求中國承認外蒙古的獨立。本書的第六章7節敘述過外蒙古的獨立與貝加爾湖的國防考量，如果外蒙古不獨立，或受到其他國家如日本或中國的影響，第三方勢力就可以從外蒙古直接切斷西伯利亞鐵路，而將蘇聯一分為二成東西俄羅斯，這在沙俄時代維德建築大西伯利亞鐵路時就已經列入考慮。所以1945年和1950年，中華民國和中華人民共和國都分別與蘇聯簽訂友好條約，承認了外蒙古的獨立。

根據香港大學白思鼎（Thomas P. Bernstein ,1937-）的學術報告《中長鐵路歸還中國的主要原因及對蘇聯關係的影響》[317]，其論點：戰後蘇聯封鎖東德的柏林，其歐洲的勢力與西方英美法分庭抗禮，形成新國際政治舞台上的「冷戰」。蘇聯在戰後的遠東必須尋找一個盟友，以掩飾其所遭受之「新帝國主義」的指控，在二戰後去殖民化浪潮中，蘇聯作為社會主義國家，必須若有其事地反對帝國主義和尊重國際主權的立場，如果此時繼續控制中長鐵路，會削弱蘇聯在國際社會中的形象。中華人民共和國的領導毛澤東在遠東的政治立場上也選擇馬列主義，向蘇聯學習，乃與蘇共代表米高揚（Anastas I. Mikoyan, 1895-1978）很快地達成

協定,毛澤東也在1949年底和1950年2月間,乘坐西伯利亞鐵路前往莫斯科訪問洽談。與中華人民共和國締結的同盟互助條約中,蘇聯同意在1952年前將中長鐵路完全移交給中國。

二戰期間蘇聯傷亡慘重,國家元氣遭受打擊,若干大城戰後殘垣斷壁亟待恢復,偌大的地區需要修復整合。權力集中的史達林無情殘酷地打擊政敵,與美英法西方集團意識形態分道揚鑣,經濟面臨困難。1945年至1952年期間,蘇聯軍隊進入中國東北後,接收日本經營近三十五年的南滿鐵路系統,將窄軌再度改為俄式寬軌（1,524釐米）,更換機動車,維修戰爭中破壞的設備,因為財務上的拮据,在中長鐵路時並沒有太多的建樹或改良。

1952年蘇聯將中長鐵路的資產,全部轉移給中華人民共和國,包括3,282.7公里的鐵路線,10,200輛貨列車,880部發動機台車,185萬平方米員工宿舍,121所職工,醫療和門診中心,69所學校,25間休閒俱樂部,加上辦公樓,管理局,技術部,通信器材設備,自動關閉系統,電話所和維修長,鐵路沿線煤礦產區,枕木廠,和流動資金228,008億元人民幣（約6億美元）。

1954年至1959年蘇聯從中長鐵路撤退的員工和眷屬將近二萬四千人,到1985年蘇聯僑民幾乎全部離開中國東北[318]。中長鐵路的大部分資產是日本滿洲國時期的遺留,蘇聯是將從中國東北日本手中奪取的南滿鐵路,改名為中長鐵路,以蘇聯對中友好的姿態歸還中國,以換取外蒙古的獨立。同時,為日後在遠東對朝鮮政策和與美國爭奪朝鮮勢力的政治爭奪中,尋找一個盟友和戰爭代理人：中華人民共和國。

中國獲得中長鐵路的資產轉移後,對中國東北的經濟成長

和戰後復原得以喘氣紓解。面對蘇聯「歸還」這一形式，官方雖然接納實質上的鐵路管理權，理論上，無論是東清鐵路、中東鐵路、南滿鐵路，或中長鐵路，名稱雖有不同，在殖民帝國主義下，這個鐵路無論是租借使用，還是借地穿越，都是在中國領土主權之內。即使日本已經將中國東北視為禁臠，實施殖民政策，滿洲國的成立從未得到中國政府的承認，因為這條鐵路始終行駛在中國的領土上。蘇聯一魚二吃的做法：曾在1935年將中東鐵路出售給日本/滿洲國政府，改名為南滿鐵路，卻又在1950年再度將南滿鐵路的行政權奪回，改頭換面叫做中長鐵路，當成與中國談判的籌碼，向中國示好，正是「得便宜賣乖巧」，得隴望蜀，趾高氣揚。1952年12月31日，政務院總理兼外交部長周恩來與蘇聯駐中國大使亞歷山大‧潘有新（Александр Семёнович Панюшкин / Alexander S. Panyushkin, 1905-1974）在哈爾濱市出席中長鐵路移交儀式，之後蘇籍員工撤離中國，留下一些技術顧問協助和訓練中國職工接手營運。這一條背負著勞工血淚、侵略奪權、剝削東北資源、傷害中國人民的鐵路線，經歷過半個世紀的風風雨雨，戰火連連，終於歸屬中國，安身立命自己掌握。外蒙古的獨立建立蘇聯的國防考慮，和國民黨政權與共產黨排蘇/親蘇的選擇，而圍繞在中長鐵路利益就是兩國博弈的主軸。

1952年12月31日哈爾濱中長鐵路移交儀式
照片來源:《哈爾濱鐵路局誌》

第八章

結論：一條鐵路改變四國百年格局

1896年《中俄密約》簽訂的整個事件以祕密的方式，進行不對等的國際政治談判。俄國方面推出財相和外交大臣，沙俄尼古拉二世在旁推波助瀾，中國方面則派遣一位不在最高政策體系核心，但對鐵路和外交事務特別有經驗的人物——李鴻章——執行談判，背後實由最高權力機構軍機處和總理衙門（總署）所遙控。本書的研討極力避開中俄談判本質的偏離，而探求其雙方政策的思考邏輯。

著名中國共產黨歷史學家范文瀾的意見，認為李鴻章和他的親俄集團，應當負責中國政府史無前例的「賣國行為」[319]，受到沙俄誘騙。俄國歷史學家羅馬諾夫和中國教授吳湘相（1912-2007）卻都認為李氏接受賄款，導致他接受中俄條約的主要因素[320]，隱喻中國日後陷入泥潭是咎由自取。

這兩種判斷都偏離事實。第一，過度估計李氏的個人權力，而忽略了軍機處總署大臣翁同龢、兩江兩廣總督劉坤一和張之洞等人的影響力。一如第二章所示，顯然李氏和其他高級官員對修築鐵路和走出外交困境的思路無大差別。李氏所執行的政策，顯然不是個人獨自決定的。第二，過於強調李氏的人格，而不注意當時的政治氛圍。縱觀李氏一生，他的確精明能幹，雖不時讓人對他的道德瑕疵，如累積財富問題上起疑，但他也生不逢時，處理清政府的各種國內外爛攤子。他在甲午戰事後，身為戰敗方代表，代表政府簽下《馬關條約》，簽約途中還遭到槍擊，臉上子彈兩年後才取出，受盡恥辱，這都影響著他後來尋找對付日本的戰略方法。但若斷定李氏和俄國簽約的主因，是他對俄國有所特別偏愛而受賄，失焦也失公允。

筆者認為不論李氏的私德或私人情緒如何,清政府就算派遣他人出使同一任務,甲午戰爭後的中俄關係同樣會依循著當時的情勢而如斯發展。原因如下:第一,在1896年5月30日以前,也就是正式簽約前四天,尚未授權李氏簽約,這說明北京對這件事,還有最終決定權。第二,如根據《維德回憶錄》,論述1898年李氏接受賄款[321],那是1896年簽約後兩年,並不意謂當年李氏簽約時已經收款而執行他被付託的任務。因為有關付款的議定書,是在條約簽字(6月4日)以後的第二天才起草的——也就是,李氏被授以全權「欽差頭等出使大臣」後的第五天。這時間點顯示北京有簽訂同盟條約的最後決定權,這早於李氏「被指控」賄款的日期。《維德回憶錄》所指的賄款是為1898年加簽建築南滿支線的授權,而非原來《中俄密約》協議的東清線,沒有東清線簽訂在前,哪有南滿線的續建工程?當然一碼歸一碼,如果賄款是事實,李氏確有道德瑕疵,出賣南滿線也是賣國,但是我們沒有看到俄國官方的檔案和出款原始紀錄,對此筆者保留看法。

　　本書的一個重要論點是:清政府的確有開發中國鐵路網的計畫,它可以發展經濟、運送軍隊之政治考量,它可以連接中國各個省份的交通,負有抵禦外侮之戰略考量,它也可以平衡列國在中國瓜分大餅的勢力。中國境內公路結構尚未成熟,清廷最高權力機構總署和軍機處莫不深入研究如何趕上歐美,贊同多建築鐵路;民間團體、媒體輿論也都傾向於「師夷人之技而制夷人」,積極參與鐵路計畫。這並非慈禧太后、光緒皇帝、總署負責人恭親王奕訢、翁同龢,或特使李鴻章、大使許景澄、大臣張之洞等人可以獨自決定的,整個群體的想法都推動了李鴻章的任務之

旅。密約內容也都符合總署官員的考量，並反映了人民對建設鐵路的想法，與俄談判有進有退，中國並不是完全失算的一方。

以往撰寫這段歷史的史學家們，都支持一個理論，就是清政府圖謀俄國能以軍事協助交換鐵路修築權。1898年改革運動的首腦康有為，曾有一次指出慈禧太后打算得到俄國保證保持滿洲人的權利合法性。因之，將滿洲地區置於俄人保護之下[322]。哈佛大學歷史學家郎傑爾（William L. Langer, 1896-1977）氏說，有關橫貫滿洲東清鐵路的所有修築權都是為了防禦日本而與俄同盟簽訂[323]。即使條約本身提示關於修築橫貫滿洲鐵路的合同，正是獲得俄國軍事協助的主要條件。不過，所有這些學者似乎都忽略了另一個重要事實，是牽涉到中國還有修築中國東北鐵路網，取代中國南方和內陸的鐵路窄軌標準。

負責鐵路事宜的海軍衙門多少年來都想在滿洲修築一條鐵路，卻因財務困窘捉襟見肘，入不敷出而失敗。張之洞和其他官員鑑於中國財政困難，曾兩次建議，由俄國人出資修築，和大西伯利亞鐵路接軌，將使俄國為中國的經濟利益而效力。理由明顯。總署官員在此同時預測當鐵路通車成為入境走廊後，俄國軍事侵略，和引起國際糾紛的可能性。但是李鴻章和很多官員則認定，戰事若果發生時，如有必要，中方可以把鐵路拆毀。一如後來事實，東清鐵路和之後的南滿線在蘇聯、日本控制時，經常受到中方攻擊受損。而當初的構想，是按照李氏部屬之一的李嘉敖所設計的路線修築。

歷史證明《中俄密約》結果遠非滿清和沙俄政府所期望，甚至大反效果。德國在1897年11月占領山東膠州灣時，沙俄軍隊

藉口根據同盟條約把艦隊開到旅順和大連。俄方獲得兩港各二十五年的租借權，並要求增加修築東清鐵路到大連一條支線，更和英國政府達成分贓協議：俄國承認英國有在長江流域修築鐵路優先權，英國也尊重俄國在中國東北的特權。俄國和法國又干涉中國北京到漢口和天津到上海的兩條鐵路，不讓中國接受英國的提議。這明白顯示沙俄在與中國1896年簽訂密約中給予協助中國的承諾，從頭到尾都是謊言，純屬擴充殖民主義之算計。

至於修築鐵路的資金，俄方利用條約的條文細節成立東清鐵路公司，向俄清道勝銀行貸款，全部股份由俄國政府取得，使公司成了俄國財政部下面的一個部門，中國的駐俄德大使許景澄落了一個有名無實的董事長職位。俄方透過這個完全由俄國控管的機構，獲得了為建築鐵路所得到的土地上所有的行政和司法權，在中國東北建立起一個殖民政治經濟區據點。這些後果與滿清政府對1896年條約原有的期望南轅北轍，全然相反。

筆者結論如下：

1. 滿清漢化的遺憾：被遺忘的東北

滿洲族1644年帶兵入關中原，從明朝手中奪取治理權，此後改稱大清帝國。為防止漢人勢力反撲，在中國東北三省實施很多箝制政策，包括剔髮易服、滿漢分治、文字發表監管、設立八旗綠營軍隊（國防）等，其中最嚴重事項就是限制漢人前往滿洲、蒙古、新疆移民，和購買當地土地開墾擴充。為維護滿清統治，實施限制通婚，直到清朝中期雍正至乾隆年間，八旗人口減少，才緩慢放開。

滿族官方用的滿語,在嘉慶(1796-1820)和道光(1821-1850)年間逐漸被漢語取代。滿人王公貴族普遍融入漢族主流,接受漢語教育,滿語不再流行。清朝沿用的科舉制度,雖給滿人優惠政策,不必與漢人一起科考進階,但豐富的漢文化傳播力強而深透漢人社會,總能產生出較多文人為清廷政府所用。晚清同治光緒時期(1862-1908),滿語淡出日常生活和政府行政部門,漢語成為全國母語,滿人設立的八旗滿語學校名存實亡,有如歐洲的拉丁語,僅作為皇家儀式的語言象徵。清政府到咸豐同治年間(1850-1870)開放漢人前往中國東北,緩解關內太平天國叛亂,和內地的社會窮困問題。清廷政府政經文化重心南移,而東北長期缺乏照顧,反成為沙俄和日本政府志在必得的囊中之物。

　　滿族大部分人遷移內地氣候溫和適合人居地帶,留下空曠的滿洲地區,邊防疏於照顧。1880年期間,內有太平天國造反,外有帝國殖民主義者侵犯,戰亂不斷,旱洪災害頻繁,經濟力量岌岌可危。清政府的滿洲封禁政策,阻擋漢人前往開墾,1890年代黑龍江省的人口不到200萬,遼寧吉林二省加起來約1,300百萬,相對內陸而言嚴重經缺乏人力資源。經濟重心移至北京和內陸,東北農業生產得不到充分利用,工業基礎薄弱。教育方面培植人才發展緩慢不前,落後內陸很多。所以當俄日對滿州蒙古地區積極吞食時,政府缺乏在地實力反抗,整個地區流寇橫行,軍閥割據,互相傾扎。

　　滿人已經忘記維護經營其發源地,認為東北土地沒有江南肥沃,且不適合農耕。1915年至1945年,滿人幾乎沒有增加。1915年整個東北的人口是1,400萬,滿族人口約200萬,占比例15%至

20%。到1945年東北總人口約4,000萬,而滿人約150萬至200萬,不增反減,沒有人口優勢,又受制於日本關東軍打壓,300萬的滿族精英分子早已漢化,融入中國中原地區,東北滿人已成為結構性少數,與移民東北弱勢的漢人族群,很難抵擋俄羅斯和日本掠奪東北的企圖和行動。

美國加州、亞利桑那州、新墨西哥州、德州、內華達州原來是墨西哥的領土,而墨西哥認為這片沙漠地區並不適合農耕,索然乏味。美墨戰爭後,以1,825萬美元賣給美國,墨西哥從此失去了如今看來是極其寶貴的美國西部領域。清政府對東北的情況也是如此。正如美國幽默文學家馬克・吐溫(Mark Twain, 1835-1910)說的:「歷史不會重複,但總會押韻。」

清廷政府主要軍旅八旗軍,屯駐瀋陽(遼寧)、長春(吉林)和哈爾濱(黑龍江)約數萬人,十九世紀後半葉入關中原後,缺乏紀律,高度腐化,淪為地方保安,意興闌珊,缺乏整體軍事功能,駐防東北只是象徵性地存在。由於財政匱乏,也未做軍備升級或軍事訓練,導致部隊逃役或轉業,武力廢弛,士氣低落。滿清統治的十九世紀後半葉,從明朝滅亡後基本上國家的軍隊包括鄉勇團練和新軍重組,收編部隊組成「綠營」,以別於八旗軍。而省級軍隊也轉為由在地的漢人領導,如曾國藩的湘軍、左宗棠(1812-1885)的淮軍等,借用平息國內的叛亂,如陝甘之亂、太平天國等。1894-1895甲午之戰與日軍對峙完敗,東清和南滿鐵路建築時,清廷部隊甚至不能保護沿路安全,而讓沙俄出師有名,以保護鐵路為名,派陸軍至哈爾濱,海軍至大連、旅順,整個中國東北領土主權盡失。

清廷對東北的不作為，讓整個地區淪為土匪當道，派系林立。很多地方防止土匪掠奪的村落都組成所謂的「保險隊」（自衛隊），透過團練的自衛隊轉成地方軍閥，最終唯一成為略有勢力的是「東北王」張作霖，在日本、俄國兩方面競爭的夾縫中獲利，同時購買武器訓練自己的軍隊，但始終只能保護如奉天附近的部分地區，無法對抗有系統侵略中國的關東軍。日本緊追沙俄之後，接收東北，後建立偽滿洲國，與八旗軍的全面衰退，清廷的「放棄」東北消極政策怎能無關？

中國東北人民每月收入

時期	職業	估算月收入（銀元￥）	備註
1903年-1931年（俄國影響，早期日本影響）	農民	3-6	以自給農業為主，收入受收成影響。
	苦力（非技術工）	5-10	主要從事港口、鐵路、建築等工作。
	產業工人	8-15	在俄國／日本企業工作，工資低於外籍工人。
	鐵路工人（中東鐵路）	12-25	技術崗位工資較高，但遠低於俄國工人。
	商人／店主	15-50	依賴貿易環境，收入波動較大。
1932年-1945年（滿洲國，日本佔領）	農民	2-5	高稅收、土地掠奪，收入減少。
	苦力（非技術工）	4-8	許多人被迫從事廉價或無償勞工。
	產業工人	10-20	在礦業、鋼鐵、紡織廠工作，工資受日本政策影響。
	鐵路工人（南滿鐵路）	15-30	技術崗位工資較高，日本嚴格控制就業。
	商人／店主	20-80	一些人因日本貿易政策受益，部分商人受到限制。
	強制勞工（礦山、軍工項目）	0-5	許多人無償勞動，工作環境極端惡劣。

2. 以夷制夷的陷阱：百年亂世的根源

俄國相對於中國有軍力優勢，她的帝國主義勁敵，日本、德國、英國和法國，在遠東的擴張活動，使俄國產生了一種不可抗拒的刺激力，必須涉入遠東中國和朝鮮事務，以掠奪利益。滿清政府嚴重低估了結盟俄國的風險。那些贊成和俄國結盟的官員們，誤解俄國的最終意圖，那些認為中國有能力制止俄國向東方擴張的官員太過於自信。李鴻章扮演極重角色，以他這樣一位處理國際事件的老手，沒有綜合考慮其他相反意見。他雖在建築鐵路工業上有豐富經驗，卻沒有洞察到把那樣重要的鐵路修築權給了俄國，會為中國東北地區帶來「政治枷鎖」（「bring in its yoke」）。軍機大臣恭親王奕訢、慶親王奕劻、總署大臣翁同龢以及總署大臣們，在蒐集情報和審議整個政策時，也低估了為報答沙俄親中態度就拉攏俄國為盟所要付出的代價。他們過分依賴中國歷史上春秋戰國時期（西元前770－前221年）「以夷制夷」、「以敵制敵」的思路。秦漢三國兩晉南北朝隋唐宋元明歷代都有類似成熟的先例，相信敵人的敵人是朋友。認為中國可以得到鐵路公司的部分控制權，發展經濟，創造雙贏。但這一次滿清官員對於外交事務，缺乏長期的國際事務分析力，投入1896盟約的努力，卻誤判俄國的真正企圖，才使得密約後中國陷入長期的災難。

羅馬帝國、拜占庭帝國、奧斯曼帝國、法國拿破崙控制歐洲時期，和大英帝國殖民時代在統治不同民族時也用類似的「權力平衡」（Balance of Power）或「分而治之」（Divide and

Rule），利用不同邦國和民族之間的矛盾來維持統治。直到今日國際政治，還是可以看到「代理戰爭」（Proxy War）和創造「緩衝區」（Buffer Region)，挑撥離間（Pitting One Against Another）手段，與中國「以夷制夷」思想，異曲同工。

　　沙俄到蘇聯時期不斷影響著中國各方面的發展，中俄先後於1911年和1917年發生推翻專制而全面革命，中國陷於保皇和建立共和國意識形態中，軍閥林立導致內戰，國家方向難以統一，直至1950年。俄國從1917年舊沙俄制脫離，經過紅白軍內戰衝突，但五年後（1922）就結束，走向以俄羅斯為首的蘇聯國際共產，發展出龐大的政治體系。蘇聯資助中國國民黨的黃埔軍校建立，1923年國民黨領導人孫中山派左右手蔣介石從上海坐船至海參崴，轉乘大西伯利亞鐵路赴莫斯科伏龍茲軍校（Frunze Military Academy）在蘇聯學習軍事訓練、黨政理論，長住三個月，回國後以馬列主義理論在黃埔同時培育中國國民黨和共產黨幹部，代訓練中國共黨的領袖代理人。1925年，蔣氏派其長子經國（1910-1988）赴莫斯科學習，類似人質換取蘇聯對黃埔軍校的支持。不久，蔣介石看清俄共的真正企圖，認為國民黨內部的矛盾原因來自於俄共。然黃埔軍校在孫中山與蘇聯越飛（1883-1927）結盟的〈孫文越飛聯合宣言〉宗旨下，容俄聯共，將黃埔軍校打造成一個完全由蘇聯共黨國際財務支撐的混合體。

　　蔣介石於1927年4月在上海毅然決然清黨，與俄國劃清界限，與蘇聯交惡，蘇聯乃轉而支持中國共產黨，種下後來國共意識對立導致內戰的變數。1949年，在蘇聯指導支持下，中國共產黨以武力從中國東北發起攻勢，國共內戰全面爆發，共產黨取得

優勢,淮海(徐蚌)之役後,國民黨軍隊打敗,蔣介石帶領殘餘部隊,退守台灣。毛澤東率領的共產黨在1950年贏得內戰後,宣稱中華人民共和國成立,蔣介石領導的中華民國政府撤退至台灣,以台灣海峽為界,分而治理。不久韓戰爆發,中共、俄共和朝鮮與南韓、美國對峙,戰爭打亂中共進攻台灣的節奏。1958年,中國共產黨解放軍企圖攻打下金門島嶼未果,美國海軍艦隊介入,海峽兩岸從此形成對立局勢迄今。總結民國時期,中東鐵路開始引起了俄國的對華擴張,削弱中國對東北的控制。1924年的蘇聯與北洋政府簽訂協議共同管理中東鐵路,但日本始終覬覦這條可帶來快速占領東北,延伸日本帝國的生命線。1931年的「918事變」後,日本即以保護鐵路侵占整個東北,在滿洲國的偽裝下,人民長期處於被侵奪被殖民的狀態。

　　中國共產黨領袖毛澤東的情況與蔣氏類似,為獲得蘇聯支持,於1936年派遣長子毛岸英(1922-1950,當時十四歲)、次子毛岸青(1924-2007,當時十三歲)赴莫斯科就讀小學,同樣在蔣介石讀過的莫斯科伏龍茲軍校接受俄式理論和軍事訓練,先後學習長達十年(1936-1946),青少年思想幾乎俄國化,贏得莫斯科的信任。中國共產黨以俄國共青團為模範,發展中國共青團,宣傳社會主義模式發起群眾運動,帶動工潮,藉土地改革重新分配財富,轉移技術啟蒙工業,甚至發展核武器。

　　韓戰時提供空援,「抗美援朝」。1949年,中華人民共和國主席毛澤東從北京經滿洲里,乘坐西伯利亞鐵路赴莫斯參加慶祝史達林生日的宴會,雙方關係一度緊密友好。蘇聯共黨國際也影響了中華民國的國母宋慶齡(1893-1981)女士,她與孫中山先生全力支

持聯俄聯共政策；孫死後她於1927年訪問蘇聯，在莫斯科三個月，參與政治活動，與蘇聯領導人交流，完成非正式學習馬列主義，影響了她的政治立場和國際視野，甚至後來與其妹妹宋美齡（1898-2003）和妹夫蔣介石在政治立場上分道揚鑣。宋慶齡因為與蘇聯的特殊關係，象徵性影響力巨大，獲得中華人民共和國國家副主席和人民政府的副主席席位，1981年獲得中華人民共和國唯一終身女性國家榮譽主席，反映出蘇聯共黨國際的影響力。

兩位中國領導人蔣介石和毛澤東分別在不同年代，留下乘坐西伯利亞鐵路前往蘇聯，鞏固俄中兩國中期關係的歷史紀錄。1950年再次與中國簽訂蘇聯友好盟約，強化蘇聯在中國大戰後的重建工程。直到1960年代，雙方才因意識形態發生嚴重分歧，中國強硬起來，在珍寶島邊界敢與俄軍衝突交惡。從清朝英法聯軍第二次鴉片戰爭結束到中蘇開始交惡，中國整整受俄國影響一百年（1860-1960）。

1970年後，中國開始重新平衡其他地區政治關係，放下韓戰、越戰前嫌，1979年與美國重建官方外交關係。1990年，柏林圍牆倒塌，東西德合併，蘇聯瓦解蛻變，改名俄羅斯聯邦共產黨，不再堅持馬列共產主義，人民可以買賣擁有土地房產，私人和企業啟蒙發展。而中國仍堅持走自己特色的社會（資本）主義路線迄今。世界局勢和政治意識張燈結綵，令人看得眼花繚亂。1896年的《中俄密約》盟友協定，得到修正的機會，國家領導和政策決定者在歷史中學習成長。如今中俄關係似緊或鬆，完全以國際局勢評估，做出自己最安穩的決策。

清朝強勢武力入關後，滿洲族人數遠不及漢族，故仰賴漢

人治理漢人，保留中國歷代以來的科舉晉升制度，選出傑出漢族精英分子，擔任地方領導，配以滿族親王監督，這種管理制度維持了268年，「以漢治漢」的統治哲學，直接影響了清朝晚期的「以夷制夷」的外交政策。

3. 俄國的殖民主義：南柯一夢

大西伯利亞鐵路向東發展的路線中途走岔路線，是整個沙俄政治、經濟、外交歷史的轉折點。殖民主義發展是以犧牲國際地位次等的國家，而謀取自己利益。競賽中，沙俄洞察和利用中國清朝的求助心態，做出見義勇為的俠客姿態，願為中國的盟友。哪知螳螂捕蟬，雀鳥在後，1904-1905年日俄戰爭踢到了鐵板：同時朝亞洲軍事擴充的新殖民日本。日俄戰爭後，簽下的《樸次茅斯條約》禁止俄國利用東清／中東鐵路運兵，被徹底看穿了手腳。十二年後，俄國境內各種社會主義的示威抗議工潮，導致1917年的革命，結束羅曼諾夫的三百年王朝。諷刺的是三個沙皇：尼古拉一世、亞歷山大三世、尼古拉二世都是大西伯利亞鐵路的主要推手，最後卻讓這一條鐵路的修築，帶領自己統治三百年的王朝走到終點。

經過數十年的重整和二次大戰煎熬，蘇聯重新出現在世界政治舞台。依然無視歷史上沙俄政府以大西伯利亞東清鐵路支線作為政治爭奪工具，導致羅曼諾夫王朝的崩塌的前車之事實。共產主義的興起，帶著馬列社會主義建立蘇聯共黨國際，透過思想統戰，對周邊國家進行入侵。二戰中的重大犧牲和國內經濟衰退，蘇聯再度捲入遠東的爭戰，換了新的目標，與剛從世界大戰中崛

起的美國新勢力的對峙,至今仍未消停。

受英國工業革命的影響,美國從十九世紀後半開始,學會以機械製造出可以通用的零件,應用在縫紉機、手槍、步槍、腳踏車、汽車、電報等製造業,經濟成長迅猛,境內豐沛的歐亞移民人力和天然資源,促進了她的健康的經濟體系和國際地位,反而超越英國與歐洲,變成了世界第一軍事和經濟強國。蘇聯在軍事上初期可以與美國競爭,但共產主義下的計畫經濟發展緊追不果,陷於落敗,導致1990年蘇聯社會主義制度解體。

俄國長期活在安全感匱乏之下,千年來遭受到外族的侵犯,造成始終戰戰兢兢的心態。十三世紀的蒙古入侵基輔公國,被壓迫兩百年,她不斷地尋找可以抵禦外侵的邊界。十七世紀,波蘭、立陶宛再次入侵莫斯科,造成更多的邊界危機意識。十九世紀初(1812),拿破崙(1769-1821)擴充歐洲版圖,再一次將莫斯科碾壓。中期的1853年至1856年的克里米亞戰爭,俄國面對英法土耳其的黑海領域挑戰,完全失去信心對抗歐洲圍剿。二次世界大戰(1941-1945),德國突然單方面撕去曾簽署的《德俄互不侵犯防禦條約》,三百萬大軍進入俄國境內,主要城市如列寧格勒(聖彼得堡)、史達林格勒遭受轟炸圍剿,德軍逼近首都莫斯科,但功敗垂成。

數世紀來,俄羅斯堅韌的民族性幾乎每一次都能抵抗強壓,渡過難關,但危機從未消失。歷史記錄著二次大戰期間,美國站在盟軍一方,提供了蘇聯將近四百萬噸的軍備、糧食對付德國納粹和救濟俄國人民,貢獻不菲。大戰剛結束,蘇聯軍隊搶先進入柏林,占領和趁機控制東歐地區,不久和英美領導的西方集團又

開始爭奪勢力範圍。美國領導下，《大西洋公約》（NATO）成立，針對性極強地抑制蘇聯。面對龐大的統治疆域，俄國力求集權中央，和盡其所能尋找自衛防守的方法。長久地利用周邊國家作為緩衝，聯邦制已經解體的俄羅斯是否還能控制內陸鄰界的中亞國家？與中國邊境長達數千公里的國界，撇不開的地緣政治。近三十年來，中國經濟和軍事力量崛起，新俄羅斯似乎不能再以僥倖貪婪之心對待。

總結俄國透過中東鐵路，以商逼政，以外交騙取鐵路權，獲得資源運輸利益，帶動對中國東北的控制，保障其軍隊的後勤戰動力，幾經國力變遷，於1935年被迫以低價出售給日本，巨額投資有如竹籃子打水，最終失去在中國的影響力，被日本趕出「滿洲國」，數十年在遠東的鋪墊，落得為人作嫁。

4. 日本好高騖遠驕兵必敗：南滿鐵路與帝國敗亡

日本明治維新的擴充和後來的戰敗，近代史不乏參考資料。但有關日本最終未能從搶奪鐵路權後而得到中國東北的利益做出歷史檢討。日本二戰戰敗原因一般歸納為她本身經濟資源不足，仰賴進口，工業生產力相比美國落後，尤其是航空和海軍，長期戰爭導致國力消耗殆盡。戰略誤判偷襲美國太平洋珍珠港，激怒美國全民投入戰爭報復日軍。美國的技術和戰術相對優越，武器先進，原子彈殺傷力強，與盟軍合作發揮有效實力。這種見解均屬客觀，但筆者認為漏掉一個重要的因素：日本從日俄戰爭後進入中國東北，取得南滿鐵路經營權後，如同取得利劍，刺入遼東灣口。1935年從蘇聯手中購得南滿鐵路北段中東鐵路，猶如取得

利劍刀柄,插入整個東北,之後躊躇滿志,關東軍握此運輸工具,動員軍隊神速,日本／滿洲國發展工業都達到前所未見的強大。從東北的滿洲國一路進侵至北京、南京、中國沿海內陸,1941年以前已經控制中國領土的40%,中國政府退到西部邊緣地區。最終日本在中國戰線過長,人力調配被稀釋,困在中國廣袤幅員上。搶取中東／南滿線,事與願違,而自食其果,得不償失。

中國是這個地區最大的受害者,仍在尋找真正原因的源頭。對過去東北的政經發展不明所以似懂非懂,只知道日本在這裡建立了滿洲國傀儡政權,殺害了無數中國人民,對這地區豐富的經濟資源予取予求。二次世界大戰末期,中國這一地區供應了全日本所需糧食的一半,日本關東軍代表了日本天皇長臂掠奪,滿洲國行政部門與關東軍沆瀣一氣,同流合污。

日本在日俄戰爭後,從俄國手中接受南滿支線的控制權,將中國東北地區資源透過大連、旅順港口運回日本,一方面從日本派遣軍隊和技術人員前往中國東北開發,也增加依賴中國東北對日本的經濟支撐度。1932年日本在中國東北建立滿洲國,官方語言定為日語,在長春積極建設企圖將這裡打造成第二個東京,已把中國東北視為自己的領土。二次世界大戰結束後,日本投降,蘇聯軍隊進駐中國東北,日本原先在這地區的投資和工業建設被蘇聯軍隊一搶而空,數十年的經營化為烏有,付諸東流。

日本仰賴中國東北經濟的動脈被切斷,國內生活狀況頓時艱難困苦,一籌莫展。日本奪取中國東北和朝鮮,成立偽政權,在亞洲已被刻畫成侵略施暴者,歷史上侵略惡行惡名定位,板上釘釘,已無懸念。軍事擴充和激進冒險的野心,與俄國衝突後反嘗

苦果,雙方博弈和對峙迄今仍未消停,與中國、朝鮮和韓國人民矛盾加劇,血海深仇,冤結難解。

中東鐵路的修建發展了沿線的許多城市,中國東北人口迅速成長,從1912年的1,500萬到了1932年翻了一倍至3,000萬,至1945年又增加了1,000萬,總數達到4,000萬。鐵路總部的哈爾濱從1898年的一個小城區幾千人,到1940年增加到70萬。大量的猶太人、俄國人、漢人(從山東、河北)、朝鮮人和日本人湧入,成為了亞洲的一個國際城市。東北的三江平原、松遼平原適合農業推廣,發展的還有長春(滿洲國稱之為「新京」)、齊齊哈爾、牡丹江等城。人口大量增長提供了日本／滿洲國廉價的人力資源和生產動力。然日本本身人力資源不足,增加了自己的殖民管轄區帶來管理上的困難度,勢單力薄,只好專權跋扈,殘民以逞。

1932年至1945年戰爭期間,日本人缺乏去中國東北開墾的意願,日本政府遂提出紅利政策,鼓勵國內年輕人前往中國東北和蒙古。近數十萬的日本移民去後,二戰已到尾聲,日本已經走入困途,留在中國境內的日本人噩運來臨。日本宣布全面投降之際,蘇聯派出大軍進入中國東北和朝鮮。蘇聯(和中國)都是二戰中損失最大的國家,戰後百業蕭條亟待復原,留在中國東北(滿洲國)的數十萬日本人被俘,被送去蘇聯領土成為免費的勞工,重建戰後工程,在寒冷的西伯利亞做了將近十年苦力,活存者不到二分之一,剩下老弱殘兵返鄉。

筆者曾前往日本本洲長野市「滿蒙開拓平和紀念館」調研,見證了這些殘酷事實,紀念館中日本人紀念1931年至1945年期間日本人如何拓荒滿洲、蒙古,最終如何受災受難,對入侵中國稱

之為「解放大東亞各民族戰爭」，但卻對自己如何入侵屬於中國土地的東北，奪取中國資源的動機含糊其詞，避實就虛。

躋身世界帝國主義的日本，在亞洲遇到的阻力很少，太容易到手的成果，助長了日本軍政府的野心，使其變得愈發肆無忌憚。政治經濟學理論表明，利益所在之處必然引發國際政治競爭。西班牙與葡萄牙在南美，英國、法國、德國在非洲與亞洲，美國與法國在北美，俄國與日本在中國，皆可見類似的競爭態勢。日本在中國東北與朝鮮的掠奪行徑，進一步擴張至中國沿海與內陸，最終野心膨脹至整個亞洲。殖民主義的擴張達到頂峰，日本甚至妄圖挑戰美國，突襲夏威夷珍珠港，引發美國全面反擊，最終遭遇慘敗。在美軍於廣島與長崎投下原子彈後，日本無力再戰，於1945年9月2日無條件投降。曾依靠中東（南滿）鐵路掠奪中國東北資源的日本，最終落得資源耗盡，蘇聯反向掠奪其資產設備，而精心打造的「日本／滿洲國」也徹底覆滅，血本無歸。東清／中東／南滿鐵路宛如一條命運之線，在沙俄、中國、日本、蘇聯的角逐中迂迴穿行，最終回歸中國東北，歷史輪迴至原點。1947年6月，在美國的主導下，日本進行政治重建，制定並通過《日本國憲法》，確立其最高法律框架。該憲法確立了三權分立的政治體制，剝離天皇的實質權力，並明文規定日本放棄以戰爭作為解決國際爭端的手段，不再保有戰爭力量，以確保和平，同時承擔歷史責任，進行深刻反思。終結立論：南滿／中東鐵路支線原是日本軍國主義政府的經濟與戰略命脈，卻成為其擴張野心與侵略行動的毒源，最終導致日本面對歷史疾風，徑向毀滅性的結局。

5. 鋼鐵脊樑上的帝國角逐博弈

列強英國、法國、德國和美國各有自己的宿命與地緣政治限制，在此不贅述。英國在中國的殖民主義形式上結束，香港回歸中國，就標誌著大英帝國在中國的掠奪歷史畫下了句點，而留在中國的鐵軌尺寸，卻源遠流長陪伴著中國鐵路發展。曾經執行英國殖民主義的政客們沒有機會看到今日中國高鐵的全盤發展。滿清帝國被推翻，孫中山當初推動「驅除韃虜，恢復中華」革命，和日本九州礦業集團成立「同盟會」，間接給了日本藉口併吞中國東北和獲取當地礦產經濟資源。中國為了酬勞日本協助中國革命，犧牲中國東北豐富的天然資源，付出了很大的代價。

1937年7月7日，中國國民黨領導蔣介石在河北省宛平縣盧溝橋對日本宣戰，是時日本關東軍早已從中國東北和河北省進入北京。1937年之前，中國並沒有對日侵華東北向其宣戰，忍辱負重的蔣介石領導的國民政府以1937年的7月7日作為正式向日本宣戰的日期，直到1945年結束，一般的說法是中國抗戰八年（1937-1945），掩蓋日本正式侵略中國的日期：1931年9月18日。日本在這一天占領瀋陽，次年1932年在中國東北成立滿洲國，統治東北至1945大戰結束，前後十四年是日本侵華的全部時期。1945年英美俄的〈波茨坦宣言〉第八條，根據英美中開羅會議的原則，日本的領土僅限於日本四個島嶼，戰後必須歸還中國東北、台灣和澎湖。日本投降後，滿洲國整個架構完全解散。這個傀儡政權，從未得到中國的承認，但在日本的強權影響運作下，得到了當時世界約七十個國家中的二十三個國承認，包括德國、意大利（後

來政治上的軸心國)、西班牙、匈牙利均有派駐滿洲使節。蘇聯雖不承認滿洲國,卻一直與日本保持微妙外交關係。這一切證明國際現實主義的本質,國家利益始終凌駕於道義與承諾之上。

沙俄革命後的蘇聯始終沒有對正受日本侵略的中華民國伸出援手,從不與日本直接衝突,反而落井下石,孤立中國,與日本東西方雙向掠奪中國領土資源,直到1945年8月8日。9月2日日本無條件投降,中國東北權力真空,蘇聯乘隙而入,輸出共黨國際,支援中國共產黨,推濤作浪中國內戰。蘇聯在中國東北,除了接收日本/滿洲醫護和工作人員,將俘擄的60至70萬日本關東軍分出約14萬人部隊,加上偽滿洲國軍隊約20萬人,和數萬朝鮮軍交予中國共產黨部隊整合資源,組織人民解放軍第四野戰軍,由蘇聯將領指揮,對付中國國民黨軍隊。同時威脅日本俘軍,如果不從,其餘40至50萬留在西伯利亞的日本軍隊則面臨滅絕。蘇聯並將大戰中美國根據《雅爾達協定》裡承諾的軍備援助四野軍約40億美元,並給予從東北和朝鮮日軍手中俘獲得的70萬武器,中共軍事領導林彪(1907-1971)以絕對的優勢,擊潰在東北的國民黨部隊,贏得內戰。

蘇聯繼續指導中國共黨一直到1963年,中華人民共和國忿懟指責蘇聯意識形態變質,協助不力;蘇聯覺得幫助中國徒勞無功,得不償失,以撤出顧問和工程師等對應,雙方關係開始走壞。1969年雙方發生邊界珍寶島武裝衝突。同期國內部鬥爭,醞釀政治運動「文化大革命」(1966-1976)。文革時期,曾受蘇聯共黨國際訓練的許多中共領導人,如劉少奇、王稼祥、鄧小平、張聞天、陳雲、賀龍,都陸陸續續被批鬥整肅,反對任何修正共

黨理論的意識形態,對俄態度僵硬,中蘇雙方互動疏遠隔閡。回顧中俄關係,歷經分分合合、合縱連橫,變幻無常。這又豈是1896年清政府與沙俄匆忙締結密約,修建東清／中東／南滿鐵路支線,以為能制衡日本侵華的李鴻章與朝廷所能預見的結局?

二戰後,舊殖民主義勢微解體,印度、非洲、亞洲各國紛紛獨立。然而,殖民思想並未隨之消散,而是以經濟不平等、文化滲透、語言影響等形式演變為新殖民主義思維,導致許多地區政治動盪不安,宗教與民族衝突頻發。強權集團重新洗牌,小國依舊被迫選邊站隊,國際政治局勢更加複雜,人類苦難不減反增,全球緊張態勢持續加劇。

6. 歷史的警鐘:自主自強

鐵路的建築可以爭取經濟的效益,原是經濟構想。1896的中俄結盟的密約加入了以鐵路建築輔助政治勢力均衡考量,誤判國際現實,兩國地緣政治利益,觸動拉幫結盟的意識形態。

中國國運多舛,從1911年中華民國建國起,內憂外患造成黎民百姓的生活窮困。《中俄密約》的架構,不但沒有給中國帶來任何的實質利益,反而與虎謀皮,引狼入室。日本的官方文件和歷史教科書中,把戰爭當成雙方的彼此的衝突,從不提哪一方先挑釁、誘導、控制或迫害,把戰爭、搶奪掠殺,當成不可避免行動。以此為由,對發動戰爭的動機避而不談。日本否認有南京大屠殺、慰安婦,和在中國東北設立731部隊生化武器研究所實驗人體,用於戰場等事實。誠實為歷史做整理和反思的日本學者少之又少,如遠藤譽(Endo Homare, 1941-)博士,即是其中之

一；她在接受中國媒體的採訪中，提到日本人民已對世界的各種指責感到「疲乏」，不願再深入探討他們在戰爭中的泯滅人性的行為。

二次大戰後，世界霸權重新洗牌，英法殖民主義退潮，新興國家從殖民地區獨立，不再受制於英法行政管理（殖民地原屬於殖民國家的內政部），影響力大不如前。德日失去影響世界政治的能力，僅能在經濟領域中重新定位。美國經歷兩次世界大戰，都沒有讓戰爭介入到本土領域（太平洋的夏威夷和一些島嶼例外），資源豐富，地廣人稀，戰後的經濟發展順利，使她在大戰中挽狂瀾成為歐亞洲砥柱中流，超越英法德日成為世界新霸權。

蘇聯從1950年實施社會主義僅僅光鮮亮麗近四十年，直到東德的柏林圍墻倒塌，素來奉行的共產主義於1990年失敗解體，聯邦國一個個脫離莫斯科的控制而獨立，在烏克蘭向歐美靠攏的壓力下，只剩下俄羅斯和少數附庸國應付新的歐洲次序。這與當初將西伯利亞鐵路伸入亞洲，和建立大蘇維埃聯邦的企圖大相逕庭，完全悖逆。

1896年後的一百年，中國改朝換代，從專制的帝國制度，走入共和，擺脫了殖民主義的束縛，結束了內戰，獨立自主，全民勤奮工作，努力脫貧，發展全面經濟，進入了一個集體領導的新政治體系。在近五百年的多數決議的政治學理論下不看好的中國、建立獨特政經路線，中國從1990年崛起，僅僅不到三十年，就走出貧窮落後，成為僅次於美國的世界第二大經濟體。在人類經濟史上，從未有一國家在這麼短的時間經濟發展得這麼快速。歷史反覆昭示，唯有自身強大，方能在國際競爭中立足。

英國首相帕米爾遜（Lord Palmerston, 1784-1865）在英國議會說：「我們沒有永久的朋友，我們也沒有永久的敵人，只有永遠和永久的利益是我們追求的責任。」面對尚未完全消失的帝國殖民主義的國際政治，中國仍走在艱辛的路上，「以夷制夷」的政策不再適用，惟獨立自強是最安全的國家政策。俄日誤判殖民主義可無限擴張，最終適足以弄巧成拙，機關算盡仍陷入兩難，糾纏至今，亞歐皆受阻困厄，不再風光。

7. 鐵路真正使命：通往世界繁榮，而非引爆戰火

鐵路的主要功能是運輸旅客、貨物、礦產和農作物，促進城市建設與經濟發展，大西伯利亞鐵路最初承載著這樣的綜合目標。然而，沙俄政府與維德在與清政府李鴻章的協商下，修建了帶有強烈政治意圖的東清／中東／南滿鐵路，使其偏離主要動脈，進而影響歐亞國際政治格局。從膠州灣事件、日俄戰爭後的《樸次茅斯條約》，日俄密約瓜分中國東北利益，再到日本吞併朝鮮，蘇聯入侵蒙古，日本侵華建立傀儡政權滿洲國，導致兵連禍結，戰火升級，引爆二戰亞洲的序幕。

二戰後，蘇聯再度介入東北與朝鮮，拆毀日本／滿洲國工業、掠奪資源，並援助中國共產黨擊敗國民黨，助長共產主義在亞洲擴張，導致中國、朝鮮、越南的紅色化，和鼓動外蒙古從中國分離。1950-1953年的朝鮮戰爭，形成俄中朝與美日韓的長期對峙，至今餘波未平，禍根深植。

清朝湖廣總督張之洞曾警告，引入俄國勢力修建鐵路將帶來政治危機，中國將喪失東北領土主權形成「國中之國」。俄國

文豪列夫·托爾斯泰（1828-1910）在日俄戰爭後曾寫道：「戰爭是人類最惡毒的行為，非同兒戲，我們不可耍玩。」（《想想您自己》，1908）百年前的預言成真，東亞的地緣政治衝突仍未消解，惟從歷史中汲取教訓，自決自制，求同存異，尊重國際法則，推動多邊經濟合作，增強自身硬軟實力，方能實現同舟共濟、相得益彰的未來。

　　鐵路的終極目標應是促進物流與運輸，而非戰爭工具。長遠來看，撇開政治上的紛紛擾擾動盪不安，東清／中東鐵路的建設確實為中國東北戰後的經濟奠定了基礎。今日中國的鐵路網絡已覆蓋全國，高速鐵路與地鐵系統在短短三十年間聯絡城鄉，以穩健快速的發展造福全民，帶動無限商機。這一切距1896年中俄規劃東清鐵路的開展，不過一百三十年。一條偏離初衷的鐵路，曾帶來無數人禍與反思，但歷史最終證明，鐵路的真正價值在於和平發展，而非衝突與戰爭。

寫於美國奧勒岡州

作者徐永泰博士簡介

主修研究國際關係和經濟史。熱愛生活、寫作、乒乓球、旅遊,幫助社區提高社會科學經濟史學術方面的相關知識,參與社區的慈善活動。台灣國立政治大學斯拉夫語系學士,英國牛津大學國際關係史碩士,牛津大學經濟史哲學博士。現任中南大學客座教授,洛杉磯乒乓球公開賽的理事長和財務長,牛津大學聖約翰學院開發局院董,PBI/PAC集團董事長。曾任美國大陸銀行董事長(2010-2011)美西華人學會長及理事長(2018-2019)。英國牛津大學Dr. Yungtai Hsu's Scholarship及台灣國立政治大學徐永泰博士獎學金創辦人。

著作:
1. 《牛津留痕》(*Remembering Oxford*),新北:三藝文化,2002年初版2011年二版
2. 《徐徐道來:中國人應當認識的英國》,新北:零極限文化,2014年(2014年台灣金石堂文史暢銷書排名第一)
3. 《猶太人與世界》,新北:零極限文化,2016年(2017海外華人創作獎、2016年台灣金石堂人文史排名第一)
4. 英文著作:"From the Cradle to the Craze: a Study of China's

Indigenous Automobile Industry, 1953-2007", (2011). Scholar Press, Germany (Ph.D Thesis Collection Works)

5. 《猶太人與金融世界》，新北：零極限文化，2018年所有著作均屬自己的研究和看法，剖析世界歷史和人文面貌特有的政經關係、典章制度。

Dr. Yungtai Hsu Education: BA in Slavic Language and Literature NCCU; **M.Litt**. in Modern History (Oxford University); **D. Phil**. in Economic History, St. John's College, Oxford University UK

註解（Endnotes）

1 S.M. Meng, *The Tsungli Yamen* (Cambridge, MASS., 1962). 後為 Meng(1962).
2 Meng(1962), p.24.
3 詳見 Silas, H.L.Wu, *Communication and Imperial Control in China* (Harvard University Press,1970), pp.10-14. 後為 Wu(1970).
4 詳見內閣處理上奏程序，Fairbank J.K, and S.Y. Teng, *Ch'ing Administration Three Studies* (Harvard University Press, 1960), pp. 41-55.
5 Wu (1970), pp.20-26.
6 同上引書，pp.42-47.
7 Fairbank (1960), pp.59-67.
8 恭親王奕訢、大學士桂良及戶部尚書文祥，兼軍機大臣。
9 Bano Masataka, *China and the West, The Origins of the Tsungli Yamen 1858-1861* (Harvard University Press, 1964), pp.225-6. 以後為 Bano(1964).
10 郭廷以，《近代中國史日誌》（二卷，台北：中央研究院近代史研究所，1963年），附錄一，第6-10頁；及附錄3b，第49-63頁。
11 慈禧皇后原先選為咸豐皇帝之嬪，因生獨子為皇帝嫡系，她的地位便漸次晉升到和慈安皇后原有地位相同的地步。當咸豐皇帝於1861年駕崩，她的幼子便繼任王位為同治皇帝，她和慈安皇后成為兩宮攝政。以後她把權力集中到自己手中，從而控制皇宮。當她的兒皇帝突然在1874年因疾病駕崩，她違反清朝繼任法統，指定她的一位侄子繼任，即是出名的光緒皇帝。見Hummel, *Eminent Chinese of late Ch'ing Period* (Washington,1943), Vol 1, pp. 295-300; Vol. 2, pp.731-3. 以後為Hummel (1943).
12 1896年的六位軍機大臣，即恭親王奕訢、翁同龢、李鴻藻、禮親王世鐸、剛毅和錢應溥。前三位都兼任總署總理大臣。
13 李鴻章在淮軍的地位，參看Stanley Spector, *Li Hung-Chang and the Huai Army* (Seattle, 1964).
14 此一事件發生於1870年6月23日，正當中國地方當局和法國領事館雙方磋商關於天津法國天主教堂及孤兒院之權利與保護之事宜時，法國領事豐大業（Henri Victor Fontanier, 1830-1870）當眾拔槍殺傷天津知縣劉

傑的一位僕人,激怒一群目擊此一事件的中國人民,遂將領事、數位神父及他們的僕人殺死,並把教堂焚毀。這一偶發事件,特別指向反對教會而來的更為強烈仇外行動的一部分。參看《籌辦夷務始末・同治朝》,72:22-24;及S.K. Fairbank, "Pattern behind the Tientsin Massacre", *Harvard Journal of Asia Studies*, 1595, Vol. 20, pp. 480-1.

15 見梁啓超,《論李鴻章》(1901年版重印本,台北:中華書局,1971年),第52-53頁。

16 Robert K. Douglas, *Li Hung-Chang* (New York, 1895), p.108.

17 Public Record Office, Foreign Office Papers, 17/1300, p.2. 並無證據,但是按照戈登上校1880年8月13日的備忘錄(pp.34,36),英國人確有意圖利用李氏推翻北京政府。

18 Meng(1962), p.58; Banno(1964), p.246.

19 參看 Eastman, Lloyd, E., *Throne and Mandarins, China's Search for a Policy during the Sino-French Controversy, 1880-1885* (Harvard University Press, 1967), pp.12-3.

20 李氏和法國就安南事件所簽條約,被慈禧太后認為「滿意」,《中法越南交涉檔》,卷五,第2987頁。

21 《清季外交史料》,16:14-7,1879年8月26日(光緒5年7月9日)。

22 《李文忠公全集・奏稿卷》,44:40,1882年10月10日(光緒8年8月29日);及45:6,1882年10月10日(光緒8年8月29日)。

23 《清光緒朝中日交涉史料》,卷一,第276頁

24 《翁同龢日記》,卷四,1891頁,1894年6月17日(光緒20年5月14日)。

25 《李文忠公全集》,譯署函稿,17:19a,1885年5月29日(光緒11年4月16日)。

26 同上引書,電稿,15:47a,1894年6月27日(光緒20年5月17日)。

27 李書春,《李文忠公鴻章年譜》,《史學年報》1929年1卷1期,第116頁。

28 Public Record Office, Foreign Office Papers, 17/1277, Mac Donald to Salisbury, 1896年6月18日。

29 吳相湘,《俄帝侵略中國史》(台北:正中書局,1957年),第126頁。以後為吳(1957)。

30 范文瀾,《中國近代史》(太原:新華書店,1947年),第301-302頁。以後為范(1947)。

31 參看 Harry Schwartz, *Tsar, Mandarins and Commissars* (London, 1964), p.41. 以後為 Schwartz(1964).

32 1764年,滿清政府譴責俄國未能遵守《恰克圖條約》中的貿易協定,因

之將貿易市場關閉十四年,見胡秋原著,《俄帝侵華史綱》(台北:中華文化,1952年),第52-53頁。
33 Robert H. G. Lee, *The Manchurian Frontier in Ch'ing History* (Harvard,1970), pp.127-8.
34 R. K.I. Quested, *The Expansion of Russia in East Asia, 1857-1860* (Singapore, 1968), 第5-10頁中稱:「葛羅維舍(Yu, A. Golovkin)被任命為該一使節團領隊,時為1805年,但無成就,乃返俄國。」
35 在1850年代,他發現在海蘭泡、伯力,和廟街以及其他地區,有哥薩克人居留地,J.V. Davidson-Houston, Russia and China, (London,1960), p.79.
36 即《瓊琿條約》與《北京條約》。
37 根據中國方面聲稱,在此兩居留地的條約中,領土的喪失,總共400,913平方英里,較法、德兩國土地的總和尚大6,531平方英里,傅啟學著,《中國外交史》(台北:台灣商務印書館,1972年),第96頁。
38 在十九世紀初葉,回族人民在滿清政府嚴酷治理下,曾發動數次反抗地方政府的叛亂。在1864年雅克白哥(Yakabbeg)曾發動一次強烈的叛亂,以期建立獨立的國家。英國支持此次變亂,企圖壓制俄國經由中亞細亞滲透印度,Swhwartz (1964), pp.58-60.
39 俄、法、德三國聯合干涉日本占領遼東半島,開始於1895年4月,也是《馬關條約》簽訂後的第五天,在當年的5月5日,日本對他們的抗議屈服。
40 《清光緒朝中日交涉史料》,〈軍機處致恩慈電報〉,1895年5月11日(光緒21/4/17),卷一,第857頁。
41 CJCC,卷七,第179頁。
42 《清光緒朝中日交涉史料》,〈戴鴻慈奏摺〉,1895年6月21日(光緒21年5月29日),卷二,第888頁。
43 同上引書,電報奏疏78:2,〈張致總署〉,1895年4月26日(光緒21年4月2日),卷三,第1388頁。
44 參看《清光緒朝中日交涉史料》,43:28,〈張百熙奏疏〉,1845年5月5日(光緒21年4月11日),卷一,第843頁。
45 《張文襄公全集》,奏疏,37:38,1895年6月19日(光緒21年5月27日)卷二,第715頁。
46 王之春,《使俄草》(台北,1966年),第207、309頁。
47 《翁同龢日記排印本附索引》(台北,成文出版社,1970年)卷四,1976頁,1895年9月23日(光緒21年8月5日)。
48 《張文襄公全集》,奏疏,37:38,1895年6月19日(光緒21年5月27日),卷二,第715頁。
49 《翁同龢日記排印本附索引》,卷四,1976頁,1895年9月23日(光緒

21年8月5日）。

50　《清光緒朝中日交涉史料》，39:23，〈軍機處致許景澄電報〉，1895年4月27日（光緒21年4月3日），卷一，第761頁。

51　參看〈戴鴻慈奏疏〉，同上引書，45:39，1895年6月21日（光緒21年5月29日），卷二，第888頁。

52　參看〈翰林院侍讀學士奏疏〉同書，46:23，準良（Chun liang，音譯），1896年8月10日（光緒21年6月20日），卷二，第903頁。

53　《張文襄公全集》，電報奏疏，78:23，1895年8月26日（光緒21年7月7日），卷三，第1399頁。

54　參看 Philip Joseph, *Foreign Policy in China, 1894-1900*(London, 1928), pp.117-8.

55　Foreign Office, 17/1235, Mr. N.O'Connor's diplomatic dispatch to Marquis of Salisbury, 1895年5月3日，O'Connor to Salisbury hereafter.

56　《清光緒朝中日交涉史料》，45:39，〈戴鴻慈奏疏〉，1895年6月21日（光緒21年5月29日），卷二，第888頁。

57　同上引書，46:6，〈許應騤奏疏〉，1895年7月27日（光緒21年6月6日），卷二，第894-895頁。

58　《張文襄公全集奏疏》，37:37，1895年6月19日（光緒21年5月27日），卷二，第715頁。

59　《翁同龢日記排本印附索引》，卷四，1977頁，1895年9月30日（光緒21年8月12日）。

60　《清光緒朝中日交涉史料》，45:39，〈戴鴻慈奏疏〉，1895年6月21日（光緒21年5月29日），卷二，第888頁。

61　同上引書，〈劉坤一致軍機處電報〉，1895年6月4日（光緒21年5月12日），卷二，第875頁。

62　《劉坤一遺集》，奏疏，24:5，1895年6月7日（光緒21年5月15日），卷二，876頁；及Teng and Fairbank(1954), p.128.

63　《光緒朝中日交涉史料》，〈洪良品奏疏〉，46:6，1895年8月14日（光緒21年6月24日），卷二，第895頁。

64　同上引書，46:24，〈洪良品奏疏〉，1895年8月14日（光緒21年6月24日），卷二，第903-904頁。

65　J.V.A. MacMurray, *Treaties and Agreement with and Concerning China,1894-1919* (NewYork,1919), pp. 40-2.

66　著者無法找到陳熾的正式官銜，但按照翁同龢日記〔《翁同龢日記排印本》，卷四，1949頁，1895年4月17日（光緒21/3/23）〕，陳熾本人曾親自把他的建議書《庸書》呈送翁氏。

222

67　《皇朝經世文新編》，卷二，第293-295頁。
68　《戊戌變法》，中國史學會主編（上海：上海書店出版社），卷一，第239頁。
69　《張文襄公全集》，奏摺，2:24，1880年8月15日（光緒6年7月10日），卷一，第112頁；3:4，1880年9月16日（光緒6年8月12日），卷一，118頁。
70　同上引書，奏疏，2:3，1879年1月16日（光緒5年12月5日），卷一，第102頁；及2:21，1880年6月26日（光緒6年5月19日），卷一，第111頁。
71　《劉坤一遺集》，奏疏，16:7，1880年8月28日（光緒6年7月23日），卷二，第566-567頁。
72　〈劉坤一致貴州總督 Shu-Huan (Tseng pi-Kuang) 電報〉，1901年7月8日（光緒27年5月23日），《西巡大事記》（王彥威輯，王亮編，北京：外交史料編纂處，1933年），8:54。
73　《清光緒朝中日交涉史料》，44:15，〈劉坤一致軍機處電報〉，1895年5月10日（光緒21年4月16日），卷一，855頁；及《劉坤一遺集》，奏疏，24:5，1895年6月17日（光緒21年5月15日）卷二，第875頁。
74　《張文襄公全集》，〈張致李鴻章函電〉，139:21，1894年10月28日（光緒20年9月30日），卷四，第2581頁。
75　《清光緒朝中日交涉史料》，46:6，〈許應騤奏疏〉，1895年8月14日（光緒21年6月4日），卷二，第895頁。
76　《許文肅公（許景澄）遺書》，卷四，信函四，第516-52a頁。
77　《翁同龢日記排印本》，卷四，1996-1997頁，1896年1月18日（光緒21年12月4日）。
78　《大清德宗景皇帝實錄》，卷七，382:17b；及卷八，382:2a。
79　即《四洲志》，由王錫祺編，《小方壺齋輿地叢鈔補編》（台北：廣文書局，1964年重印），卷二、十二。
80　李國祈，《中國早期的鐵路經營》（台北：中央研究院近代史研究所，1961年），6-7頁。以後為李（1961年）。
81　Percy H. Kent, *Railway Enterprise in China* (London, 1907), p.2. 以後為 Kent (1907).
82　恭親王奏疏，時任總署總理大臣。《籌辦夷務始末》，文慶等人編輯（北京：1930年印），同治朝，50:32b-33a。
83　譬如，李氏於1865年致總署奏疏中曾支持中國傳統的看法，認為修築鐵路「費煩事巨，變移山川」。《海防檔》，第1卷第9號，第8頁。
84　Ellsworth Carlson, *The Kaiping Mines* (Harvard University press, 1957), p.18 and Kent (1907), p.25.

85 中國當局以人民與政府反對為由將吳淞鐵路拆除，Kent (1907), p.15.
86 馬新貽奏疏，時任兩江總督，《籌辦夷務始末・同治朝》，45:46。
87 Leong Sow-theng, "Wang Tao and the movement for self-strengthening movement", papers on China (Harvard, 1963), Vol. 17, pp.108.
88 王韜，《普法戰紀》（香港：中華印務總局，1873年），3:12、14:39。
89 薛福成，《庸庵全集》（上海：醉六堂石印本，1897年），《庸庵文編》，2:12。以後為薛（1897）。
90 劉銘傳，《劉壯肅公奏議卷》（台北：文海出版社，重印，1968年），奏議，2:2b，卷一，第204頁。
91 同上引書。
92 《皇朝經世文三編》，卷二，第447頁。
93 恭親王奏疏，1867年，《籌辦夷務始末・同治朝》，50:33a。
94 見張家驤奏疏，張氏為首席軍機大臣（Chancellor of Ground Councillor）。《李文忠公全集》，奏稿，39:27-8，1880年12月31日（光緒6年21月1日）；及劉坤一報告，《劉坤一遺集》，卷二，第598-600頁，1881年1月6日（光緒7年1月8日）。
95 李慈銘，《越縵堂日記，1863年至1888年》（北京：商務印書館，重印，1921年），1888年12月14日（光緒14年11月12日），50:70a。
96 《清史列傳》（上海：中華書局，1928年），53:11a。
97 張之洞，《張文襄公全集》，奏疏，25:17，1889年4月2日（光緒15年3月3日），卷一，第595頁。
98 康有為，《大同書》（上海：中華書局，1938年），第397頁。
99 《皇朝經世文三編》，康有為奏摺，卷一，第315頁。
100 *The North China Herald* and *Supreme Court and Consular Gazette*, Shanghai, weekly, 1895, Dec.6, p.949.
101 即翁同龢，總理總理大臣，海軍衙門總理，張蔭桓，總署總理大臣，榮祿，吏部尚書。同上引書，卷四，1952頁，1895年4月30日（光緒21年4月6日）。
102 同上引書。
103 胡燏棻奏疏，未登記日期，但由內容判斷，相信為1895年6月至7月間上呈。《皇朝經世文三編》卷一，第300頁。
104 張之洞，《張文襄公全集》，37:25，1895年7月27日（光緒21年5月27日），卷二，第709頁。
105 光緒朝，卷三十九，128:66-7a。
106 見薛福成，《庸庵全集》中〈重開中國鐵路議〉一文（1878年），薛文（1897年）編，2:11a。

107 馬建忠,《適可齋記言》(上海:中華書局,1953年),1:20。記載 1880年代中國與外國人交往情形。
108 劉銘傳,《劉壯肅公奏議書》,2:2,卷一,第214頁。
109 大英博物館(British Mus.), Archibald Constable Papers relating to a scheme for laying Railways in China, mainly the correspondence of a Constable with Mr. Johnhn Pender, M.P., and other with cuttings from newspapers, 1883, 1884, pp.33. 以後為Constable (1883).
110 海軍衙門,海防檔,1887年3月18日(光緒13年2月24日),卷二,第18頁。
111 《李文忠公全集》,海軍函稿,3:29b,1889年5月19日(光緒15年4月29日)。
112 海軍衙門,海防檔,1888年12月13日(光緒14年11月11日),卷五,第4頁。
113 張之洞,《張文襄公全集》,25:18,1889年4月2日(光緒15年3月3日),卷一,第506頁。
114 同上引書,奏疏,27:10,1889年10月4日(光緒15年9月10日),卷一,第536頁。
115 海軍衙門,海防檔,1889年8月31日(光緒15年8月6日),卷五,第55頁。
116 同上引書,57頁。
117 同上引書,張之洞奏疏,1889年10月2日(光緒15年9月8日),卷五,第65-66頁;及《張文襄公全集》,27:10-1,1889年10月2日(光緒15年9月8日),卷一,第536-537頁。
118 同上引書,海軍衙門,奏疏,1889年12月6日(光緒15年11月4日),卷五,第69-70頁。
119 《李文忠公全集》,電稿,12:16a,1890年3月19日(光緒16年2月19日)。
120 李氏通知中國駐巴黎公使薛福成與一奧國大亨商借貸款三千萬兩,年息4.5分。同書,海軍函稿,1890年5月7日(光緒16年3月19日)。
121 醇親王奕譞在1891年1月1日病逝,清廷立即放棄為建造關東線向外國借款的計畫,包括向奧國貸款。同上引書,電稿,13:1a,1891年2月20日(光緒17年1月12日)。
122 Hummel (1943), Vol.1, p.402.
123 HWP,第2卷第1頁(容閎贊成貸款)
124 張之洞,《張之襄公全集》,奏疏,37:25-6,1896年,7月19日(光緒21年5月27日),卷一,第709頁。
125 《皇朝經世文三編》,胡燏棻奏摺,卷一,第300頁。

126 THHL,光緒朝,卷三十九,130:7a。
127 THHL,光緒朝,卷三十九,130:7a。
128 海防檔,軍機處代替胡燏棻之上奏,1895年9月15日(光緒21年7月月27日),卷五,第326頁。
129 致胡燏棻之訓令,電文內容不詳,但日期(1896年2月9日)及電報內容則記錄於海防檔內。1896年2月9日(光緒21年12月26日),卷五,第8頁。
130 四條建議中的路線是:(1)由清江經山東省到北京;(2)由漢口經河南省到北京;(3)由北京到盛京。劉銘傳,《劉壯肅公奏議》,2:2,1880年12月3日(光緒6年11月2日),卷一,第214頁。
131 Kent (1907), p. 5.
132 李鴻章,《李文忠公全集》,譯署函稿,12:3b,1881年2月2日(光緒7年1月4日)。
133 Kent (1907), p. 42
134 《劉坤一遺集》,奏疏,24:12,1895年8月10日(光緒21/6/20),卷二,第884頁。
135 《劉坤一遺集》,奏疏,24:12,1895年8月10日(光緒21年6月20日),卷二,第884-885頁。
136 《籌辦夷務始末・同治朝》,卷十七,55:13b-14a。
137 《李文忠公全集》,朋僚函稿,17:12b,1877年7月1日(光緒3年5月21日)。
138 Cartson (1957), p.18
139 《李文忠公全集》,奏稿,24:22b-23a,1874年12月10日(同治13年11月2日)。
140 Constable (1883), pp.31a-32b.
141 同上引書,p.31b.
142 同上引書,p.32b.
143 《皇朝經世文新編》,103:6b-9b,卷二,第800-806頁。
144 李(1961),第67頁
145 譬如,見《李文忠公全集》,譯署函稿,李致醇親王函稿,12:2b-4,1881年2月2日(光緒7年1月4日)。
146 大清德宗景皇帝密條,「真偽」待辨,295:46。
147 《海防檔》,第5卷第100號,第188-189頁;第5卷第117號,第225頁。
148 《中法越南交涉檔》,第3卷第950號,第1872頁。
149 同上引書,第2卷第2號,第6頁。
150 同上引書,第3卷第3號,第11頁。
151 《中外條約彙編》,第89頁。

152 同上引書。
153 《海防檔》,第5卷第57號,第114-117頁。
154 同上引書,第5卷第63號,第126頁。
155 《李文忠公全集》,海軍函稿,3:29b,1889年5月19日(光緒15年4月20日)。
156 李氏於1881年11月間曾答應維德(Vitte),如果中國決定為修築鐵路舉辦貸款時,將和英國商人磋商。同書,譯署函稿,12:32b,1881年11月29日(光緒7年10月8日)。
157 《海防檔》,第5卷第54號,第111頁。
158 同上引書,第5卷第112號,第219頁。
159 同上引書,第5卷第157號,第307頁。
160 Vladimir, *Russia on the Pacific and Siberian Railway* (London, 1899), p.290. 以後為 Vladimir (1899).
161 同上引書,第291頁。
162 Izvestiya, *Geographiya Obchshstva* (the review of Geographical Society, St. Petersburg, 1891), Vol. XXVII, p.13, 以後為 Izvestiya (1891).
163 *The Chinese Eastern Railway and its Zone*, compiled by the Chinese Eastern Railway Economic Bureau (Harbin, 1933), p.5
164 Izvestiya (1891), p.16.
165 同上引書,第17頁。
166 Vladimir (1899), pp.306-7.
167 Theodore H. Vonlaue, *Sergei Witte and the Industrialization of Russia* (New York, 1963), p. 81. 以後為 Vonlaue (1963).
168 B. B. Glinskii, *Prolog Russko-yaponskoivoinii Vitte (The Prologue of the Russo-Japanese War and Witte,* St. Petersburg, 1916), pp.7-8. 以後為 Glinskii (1916).
169 B. A. Romanov, *Ocherki diplomaticheskoi istorii Russkoyaponskoivoini, 1895-1907 (The Sketch of the Diplomatic History of the Russo-Japanese War, 1895-1907,* Moscow,1947), p.19.
170 Vladimir (1899), pp.299-300.
171 同上引書,第301頁。
172 B. A. Romanov, *Rossiya V. Manchz hu rii (Russia in Manchuria, Leningrad, 1928)*, pp. 62-63. 以後為 Romanov (1928); 及Vonlaue(1963), p.89.
173 Vonlaue (1963), p.89.
174 杜克霍夫斯基(Dukhouskii Jan)的備忘錄,1896年11月23日,紅檔第2卷,第88頁。

175 《清季外交史料》,〈伊珂唐阿奏疏〉,1889年8月22日(光緒15年7月26日),81:19a。
176 同上引書,崇厚(洪鈞)奏疏,1890年6月7日(光緒16年4月20日),83:11a。
177 《李文忠公全集》,電稿,12:16a,1890年3月18日(光緒16年2月28日)。
178 薛(1897),海外文篇,4:27-8。
179 《皇朝經世文續編》,卷二,第25-32頁。
180 同上引書,卷二,第32、33頁。
181 《皇朝經世文續編》,卷二,第1126-1127頁。
182 譬如,參看《許文肅公遺書》,卷一,奏疏,1:16b-18a,1891年5月2日(光緒17年3月24日);及2:5,1893年12月3日(光緒19年10月26日)。
183 同上引書,卷三,書函,3:29a。
184 同上引書,卷二,第21頁。
185 Public Record Office, Foreign Office Papers, 233/119, No.7, 1894年1月3日,《上海申報》,〈中國人對俄國西伯利亞鐵路之看法〉。
186 《皇朝經世文新編》,卷二,第34頁。
187 《張文襄公全集》,電報奏疏,78:24,1895年8月26日(光緒21年7月7日),卷三,第1399頁。
188 HWSK Vol. 4, Letters, 4:45a.
189 《清季外交史料》,118:3b-4a。
190 《許文肅公遺書》,卷五,電報,第21-b頁,1895年10月12日(光緒21年8月24日)。
191 同上引書,卷四,信函,4:50-1。
192 同上引書,卷四,信函,4:54-b。
193 同上引書,卷四,信函,4:55-a。
194 《張文襄公全集》,電報奏疏,79:4-5,1895年12月2日(光緒21年10月16日),卷三,第1409-1410頁。
195 《海防檔》,第5卷135號,1895年12月2日(光緒21年10月16日),第272-274頁。
196 同上引書,第5卷第135號,1895年12月2日(光緒21年10月16日),第276-277頁。
197 《清議報》(梁啟超、馮鏡如編輯,光緒版,台北:成文出版社,重印版,1967年),卷三,第24冊,第1562頁。
198 《李文忠公全集》,奏稿,79:52a,1896年2月10日(光緒21年12月27

日)。
199 《大清德宗景皇帝實錄》,卷七,382:206。
200 李玄伯,〈李文忠使俄與光緒中俄密約〉,《大陸史學叢書》(台北:大陸雜誌社,1950年)第1卷7期,,第131頁。以後為李玄伯(1950)。
201 《李文忠公全集》,奏稿,79:57:59,1896年2月25日(光緒22年1月13日);李玄伯(1950),第134頁。
202 李氏擔負此一使命時為七十三歲(舊曆為七十四歲)。
203 《李文忠公全集》,奏稿,79:55,1896年2月12日(光緒21年12月29日)。
204 李玄伯(1950),第132頁。
205 參看許景澄於1896年2月致北京之報告,《許文肅公遺集》,卷五,信函五,第86頁。
206 同書,第5卷,信函5,第10頁
207 《翁同龢日記排印本》,卷五,第2003頁,1896年2月16日(光緒22年1月4日)。
208 The North China Herald and Supreme Court and Consular Gazette, Shanghai, weekly, Mar. 20, 1896, p.463.
209 Public Record Office, Foreign Office Papers, 65/1527, NO.56, Feb.12, 1896.
210 The North China Herald and Supreme Court and Consular Gazette, Shanghai, weekly, Mar 6, 1896, p.349.
211 李玄伯,〈李文忠使俄與光緒中俄密約〉,第二部,台北,民國56年,第2卷第5號,第63頁,電報1。以後為李玄伯(1967年)。
212 同上引書,第64頁,電報14。
213 同上引書,第64頁,電報13。
214 Public Record Office, Foreign Office Papers, 17/1275, Beauclerk to the British Government in Hong Kong, Feb. 22,1896.
215 The North China Herald and Supreme Court and Consular Gazette, Shanghai weekly, Apr.2, 1896, p.514; Apr.12, 1896, p.551.
216 李玄伯(1967),第64頁,電報18。
217 Serge Vitte, *Vospominaniya*(《維德伯爵回憶錄》,莫斯科,1960年),Vol.2, p.50. 以後為 Vitte(1960).
218 The North China Herald and Supreme Courtt and Consular Gazette, Shanghai weekly, May1, 1896, p.667.
219 俄國外務大臣羅巴諾夫希望李氏在敦德薩駐留等待加冕之日。Vitte (1960), Vol.2, p.51.
220 《許文肅公遺集》,卷五,信函5,第14a頁。

221 Vitte (1960), Vol.2, p.52.
222 李玄伯（1967），第65頁，電報27。
223 《翁同龢日記排印本》，卷五，第2016、2017頁，1896年4月30日（光緒22年3月18日）。
224 李玄伯（1967），第65頁，電報25。
225 Vitte (1960), Vol.2, p.54.
226 The North China Herald and Supreme Court and Consular Gazette, Shanghai, weekly, May15, 1896, p.42.
227 李玄伯（1967），第65頁，電報29。
228 同上引書，第65、66頁，電報31。
229 Public Record Office, Foreign Office Papers, 65/1514, O'Conor to Salisbury, May 9, 1896.
230 這兩封電報，是在1896年5月7日和9日分別發出，李玄伯（1960），第65、66頁，電報29、31。
231 《翁同龢日記排印本》，卷五，第2019頁，1896年5月12日（光緒22年3月30日）。
232 李氏在聖彼得堡和總署間往返之密碼電報，根據皇帝下諭，由翁同龢、張蔭桓（亦為主要大臣之一）單獨翻譯，而不經由南屋（軍機處附屬單位）通常之章京譯員辦理。《翁同龢日記排印本》，卷五，第2019頁，1896年5月14、15日（光緒22年4月2、3日）。
233 李玄伯（1967），第67頁，電報36。
234 同盟條約草案包括六條：（1）如日本或她的盟國侵略俄國土地，中國土地或朝鮮土地，應認為需要立即履行此一條約；如有需要中、俄兩國應互相236做軍事援助；（2）本條約雙方應共同一致行動，任何一國不得單獨與敵議定和約；（3）當開戰時，如有需要，中國所有口岸均准俄國兵船駛入，中國地方當局應當提供一切必要之協助；（4）為使俄國軍隊便於接近緊要據點，中國政府同意應修築一條跨黑龍江及吉林兩省直向海參威的鐵路；（5）不論戰時或平時，俄國各轉運軍隊和存者物資應能自由使用鐵路；（6）在鐵路合同同意後的當日，本條約即開始生效，自生效之日起，十年內有效。同上引書，第66頁，電報34。
235 同上引書。
236 同上引書，第66頁，電報35。
237 同上引書。
238 他本人解釋第一點正是和羅巴諾夫所擬草約中第一、第二兩款中之第一點相同。他認為對俄國和中國來說，在松花江和混同江上的航行權問題，容易達成協議。至於總署疑議之投資於俄華銀行的五百萬盧布股

金,他則誤解為是對鐵路修築的投資。同上引書,第67、68頁,電報37及44。

239 Public Record Office, Foreign Office Papers, 65/1514, No.87, O'Conor to Salisbury May 9,1896.
240 他在致總署的報告中說,俄國軍艦「極為威風」,李玄伯(1967),第67頁,電報37。
241 同上引書,第67頁,電報38。
242 同上引書。
243 同上引書,第67頁,電報41。
244 Public Record Office, Foreign Office Papers, 65/1515, No.112, O'Conor to Salisbury, June12,1896.
245 Romanor (1928), p.110.
246 維德認為:「如果此使事被任何其他國家知悉,大多數歐洲國家將要結合一起,反對俄國。」Vitte (1960), Vol.2, p.58.
247 李玄伯(1967),第66、68頁,電報39、45。
248 同上引書。
249 Vitte (1960), Vol.2, p.55.
250 李玄伯(1967),第68頁,電報43。
251 同上引書,第68頁,電報46。
252 由翁的日記中,很易瞭解當他翻譯李鴻章由俄國拍回之電報時,如何地遭受病魔之苦及疲倦。譬如,參看《翁同龢日記排印本》,卷五,第2022頁,1896年5月29日(光緒22年4月17日)。
253 同上引書,卷五,第2020頁,1896年4月17、18日(光緒22年4月5、6日)。
254 奧康諾(O'Conor)在他致沙士勒雷(Salisbury)的報告中說:「山縣元帥顯然未被俄國政府予以特殊優渥禮遇。」Public Record Office, Foreign Office Papers, 65/1515, No.115, June 14, 1896.
255 李玄伯(1967),第66頁,電報35。
256 同上引書,第69頁,電報51。
257 Vitte (1960), Vol.2, pp.61-62.
258 李氏5月24日致北京的報告中說,如果英國或法國引起任何麻煩事件,俄國將不援助我們中國,因為如此將引發歐洲和亞洲國際性政治上的複雜事件。李玄伯(1967),第68頁,電報43。
259 條約全文載於附錄一。
260 Public Record Office, Foreign Office Papers, 65/1517, No.36, O'Conor to Salisbury, June 8, 1896.

261 1896年，俄國政府與俄華銀行簽約將鐵路修築權和營運權轉交給銀行自行辦理。此一行動是確保俄國政府對於鐵路的建築和營運，具有充分的影響力。羅曼諾夫（1928），第119頁。

262 Public Record Office, Foreign Office Papers, 65/1515, No.112, O'Conor to Salisbury, June 12, 1896.

263 羅斯坦（A. Yu Rothstein）是維德在財政事務上的得力助手，嗣後，被任命為俄華道勝銀行總經理。

264 《翁同龢日記排印本》，卷五，第2024頁，1896年6月14日（光緒22年5月4日）。

265 Romanov (1928), Witte's telegram to Berlin, on Aug 23, 1896, p.123.

266 在1895年中國共修築鐵路200到250英里。全漢昇，〈清季鐵路的官督商辦制度〉，《學術季刊》（台北：中央研究院歷史語言研究所，1954年），第3卷第2期，第64頁。

267 李玄伯（1967），第71頁，電報67。

268 《翁同龢日記排印本》，卷五，第2031頁，1896年7月21日（光緒22年6月11日）。

269 Romanov (1928), pp.114-115.

270 李玄伯（1967），第73頁，電報76。

271 李玄伯（1967），第73頁，電報79、80。

272 《翁同龢日記排印本》，卷五，第2036頁，1896年8月13日（光緒22年7月5日）。

273 李玄伯（1967），第73頁，電報82。

274 《翁同龢日記排印本》，卷五，第2037、2038頁，1896年8月27日（光緒22年7月15日）。

275 同上引書，卷五，第2038頁，1896年8月23、26及27日（光緒22年7月15、18、19日）。

276 合同全文見附錄二。

277 B. A. Romanov, "Li Hung-Chang Fund"（李鴻章基金）(Bor'ba Klassor) (Class War), Leningrad, 1924, No.1-2, pp.77-126. 以後為 Romanov(1924).

278 同上引書，第105頁，亦為 Romanov(1928)，引用第113頁。

279 同上引書，第106-109頁。

280 同上引書，第110頁。

281 同上引書，第107頁。

282 Romanov (1928), p.115.

283 Bland (1917), p.120.

284 同上引書，第123頁。

285 同上引書,第284頁。
286 Langer (1951), .408,引用Sir Valentine Chirol's, *Fifty Years in a Changing World* (London, 1896), p.186.
287 1880年,中國駐英公使曾紀澤被派為赴聖彼得堡特使,但是他的主要任務,則是和俄國政府交涉伊犁事件。詳見李恩涵著,《曾紀澤的外交》(台北:中央研究院近代史研究所,1966年)。
288 根據當時任中國總稅務司的赫德(Robert Hart)私人的記載,電報是由翁同龢撰寫和翻譯。"letter's of Robert to James D. Campbell" (Mimeography, Harvard), Vol.9, 2-674, 2-788, Hart to Campbell, 7, June 1896, p.1966. 以後為 Hart's letter.
289 李玄伯(1967),第59頁。
290 維德記載,當1900年義和團亂時,俄國士兵曾闖入北京皇宮,在慈禧太后起居室中發現此一條約文件。俄國為使滿清政府仍有俄國是最可靠的同盟的良好假象,俄國政府在義和團亂平定之後,乃將此一條約文件送還北京政府。Vitte (1960), Vol.2, pp.85,186.
291 赫德在他致詹姆斯・坎貝爾(James Campbell)的信中說:此間懷疑李氏在聖彼得堡曾經做了一筆生意,而且俄國說:「不必怕,我們是你們的朋友,我們關注你們渡過難關。」見赫德1896年5月24日信函,第1060頁。
292 The North China Herald and Supreme Court and Consular Gazette, Shanghai weekly, 6 MAR, 1896, pp.347-8, and 20 MAR. 1896, p.437. 也請參看 Public Record Office, Foreign Office Papers, 65/1514, Transl. of an article of Ostasiatische Correspondenz, of 11 MAR. 1896.
293 除英文譯文外,同盟密約的法文本也刊在《倫敦每日電訊報》(15, Feb. 1910)上,據信係由李氏的敬慕者之一的李氏的養子,當時任駐英使節的李經方所為,*Daily Telegraph*, 15 Feb, 1910, p.14.
294 Public Record Office, Foreign Office Papers, 65/1514, No.87, O'Conor to Salisbury, 9 May 1896.
295 同上引書,No.83, O'Conor to Salisbury, 6 May 1896.
296 《皇朝經世文三編》,78:66,卷二,第100頁。
297 G. Efimov, *Vneshnyaya Politika Kitaya, 1894-1899* (*The Foreign Policy of China, 1894-1899*, Moscow, 1958), pp.188. 以後為Efimov(1958).
298 《許文肅公遺書》,卷五,信函,5:18b-19;及Efimov(1958), p.188.
299 The North China Herald and Supreme Court and Consular Gazette, Shanghai Weekly, 2 Oct. 1896, p.539.
300 英國政府為滿清政府提高關稅所提交換條件是:(1)完全免除內地

稅、落地稅（Term inal taxation）及劃一轉口稅；（2）可進入各省及開放內河航行權；（3）為促進鐵路修築的一般瞭解。參看 Nathan A. Pelcovits, *Old China Hands and the Foreign Office* (New York,1948), p.196.
301 吳文銜、張秀蘭著，李樹田主編，《霍爾瓦特與中東鐵路》（長春：吉林師範院古籍研究所,吉林文史出版社，1990年），第20-22頁。
302 同上引書，第27-28頁。
303 同上引書，第85-86頁。
304 同上引書，第66頁。
305 鄭長椿，《中東鐵路歷史編年》（哈爾濱：黑龍江人民出版社，1997年），第132頁。
306 *The Memoirs of Count Witte, Forgotten Books*(Toronto, New York, 1921), Chapter V, Origins and Course of the Russo-Japanese War, pp.105-133; Chapter VI, The Peace of Portsmouth, p.140.
307 《中俄外交史》，第56-260頁。
308 同上引書，第260-262頁。
309 同上引書，第273-274頁。
310 張純如（Iris Chang），*The Rape of Nanking: The Forgotten Holocaust of World War II*(Basic Books, New York, N.Y. 1997).
311 731部隊軍官於伯力軍事法庭受審，資料：哈巴羅夫斯克審判（Хабаровский процесс），25-30 December,1949. 同上。十二名戰犯名單如下：關東軍司令官山田乙三大將、軍醫務處長梶冢隆二軍醫中將、獸醫處長高橋隆篤獸醫中將、第5軍軍醫處長佐藤俊二軍醫少將、生產部部長柄澤十三夫軍醫少佐、生產部部長川島清軍醫少將、訓練部長西俊英軍醫中佐、第643支隊長尾上正男軍醫少佐、第643支隊實習衛生兵菊地則光上等兵、第162支隊衛生兵兼實驗員久留島祐司、科學工作員平櫻全作獸醫中尉、工作員三友一男上士。
312 《中國人強制連行調查報告書》，日本厚生勞動省，1993。
313 《侵華日軍強擄中國勞工史實》，中國社會科學院，2000。
314 高句麗（西元前37－西元668年）是中國東北地區和朝鮮半島北部歷史上的古民族政權，為高朱蒙創立，為當時東亞吉林通化和朝鮮北部具有勢力的扶餘王族，鼎盛時期（西元413年至491年）領土擴充至遼河以東和整個朝鮮，後勢衰，在唐朝被滅亡。與朝鮮百濟、新羅並列為朝鮮半島三國之一。
315 日本每日新聞社編輯《國寶》（東京，1967年）十二冊。
316 《中東鐵路歷史編年》，第280頁。
317 Thomas P. Bernstein白思鼎，《中長鐵路歸還中國的主要原因及對中蘇

關係之影響》,第75-79頁。
318 同上引書,第78-79頁。
319 范文瀾,《中國近代史》(北京:人民出版社,1967年)。
320 吳湘相,《俄帝侵略中國史》(台北,商務印書館,1970年)。
321 *The Memoirs of Count Witte, Forgotten Books* (Toronto, New York, 1921).
322 康有為,《康南海自訂年譜》(台北:文海出版社,1968年)。
323 William Langer, *The Diplomacy of Imperialism, 1890-1902* (New York, 1951).

參考資料及分類

I. Primary Manuscript Sources 主要文獻

1. British Museum Manuscript:

   Archibald Constable, papers relating to a scheme for laying railways in China, mainly the correspondence of A. Constable with John Pender M.P., and others with cutting from newspapers, 1883, 1884.

2. Foreign Office Archives in the Public Record Office:

   F017   General Correspondence, China.
   F065   General Correspondence, Russia.
   F0233 Embassy and Consular Archives, China.

3. Harvard University Mimeograohy:

   Letters of Robert Hart to James D. Campbell Vol.9 z-674, z-788, from August 1895 to March 1898.

4. Oxford University theses submitted for B. Litt. degree:

   a) Kuo Jung-chao, "The origins of the Shantung question at the Paris Peace Conference", (1964).
   b) A.W. Palmer, "Lord Salisbury's attempts to reach an understanding with Russia, June 1895-November 1900", (1953).
   c) Yungtai Hsu (M.Litt.), "Procedure and Perception in the making of Chinese Foreign Policy: A Study of the 1896 Treaty with Russia", St. John's College, Oxford University, 1974.

d) Japanese Resources日文主要資料
   日本《每日新聞》「國寶」,東京,1967年,12冊
   《中國人強制連行調查報告書》,日本厚生勞動省,東京,1993年
e) 俄文資料：
   Воспоминания, Сергей Юльевич Витте, Берлин,1921

II. Printed Sources主要參考資料

1. Books and articles in Western languages (By A-Z order)：
西文書籍及論文

The Chinese Eastern Railway and its Zone, Compiled by the Chinese Eastern Railway Economic Bureau, Harbin, 1933.

Izvestiya, Geographiya Obchshstva (The review of Geographic al Society), St. Petersburg, 1891.

KA, Kresnii Arkhiv (The Red Archives), 1922, 1932.

MacMurray, J.V.A., *Treaties and Agreement with and concerning China, 1894-1919*, New York, 1912.

Romanov, B.A., "Li Hung-chang Fund" (The Hung-Chang fund), *Bor'ba Klassov* (Class War), Leningrad, 1924, pp.77-126.

Rossiya v Manchzuhurii, 1892-1906 (Russia in Manchuria), Leningrad, 1928.

Russko-Kitaiskie Otnosheniyo 1689-1916 (*The Russe-Chinese relations 1689-1916*), Compiled by Akademiia Nauk SSSR., Moscow, 1958.

Whitaker, J., *Whitaker's Almemaok*, London, 1891.

Zhong Chang Teil,哈爾濱市檔案《中長鐵路1952年借貸平衡表及生產財務決算說明書》,中國哈爾濱,1952年。

2. Books and Articles in Chinese (by A-Z order)：中文書籍及論文

Bernstein, Thomas P. 白思鼎,李華鈺編《中國學習蘇聯：1949年至今》,香港：香港中文大學出版社,2010年。

Chang P'eng-yuan 張朋園,《梁啟超與清季革命》(*Liang Ch'i-ch'ao and the Revolution in Late Ch'ing Dynasty*),台北：中央研究院近代史研究所,1964年。

Chen Zhi 陳熾,《庸書》(The Normal Conduct),上海:上海書局,1896年。

《籌辦夷務始末:道光16年-同治13年》(On Foreign Relations, 1836-1874),文慶等編,二百六十卷,北京。

K'ang Yu-wei 康有為,《大同書》(Da Tong Shu / The Book of Great Concord),上海:中華書局,1938年。

郭廷以,《近代中國史日誌》(Chin-tai Chung kuo shih jih chih/The Chronological Draft of the History of Modern China),二冊,台北:中央研究院近代史研究所,1963年。

《大清歷朝實錄·大清德宗景皇帝實錄》(The Veritable Records of the Ch'ing Dynasty),五百九十七卷,奉天(Mukden瀋陽),1937年。

Fan Wen-lan 范文瀾,《中國近代史》(The History of Modern China),北京:人民出版社,1967年。

Fu Qixue 傅啟學,《中國外交史》(The History of Chinese Foreign Policy),二卷,台北:台灣商務印書館,1972年。

《哈爾濱鐵路局志(1896-1995)》,哈爾濱:中國鐵道出版社,1999年。

Hsueh Fu-ch'eng 薛福成,《庸庵全集》(The Complete Writing of Houeh Fu-ch'eng),二函,上海:上海醉六堂石印本,1897年。

Hu Ch'iu-yuan 胡秋原,《俄帝侵華史綱》(The History of Russia's Expansion in China),二冊,台北:中華文化事業委員會 1952年。

Huang Tsun-hsien 黃遵憲,《人境蘆詩草箋註》(Poems, Edited with Notes by Huang Tsun-hsien),重印,上海:古典文學出版社,1957年。

K'ang Yu-wei 康有為,《康南海自訂年譜(A Chronological Biography of K'ang Yu-wei),重印,台北:文海出版社,1968年。

Hai Fang Dang《海防檔(1861-1911)》,九卷,台北:中央研究院近代史研究所,1957年。

Hsu Jingcheng 許景澄,《許文肅公遺書》(The Collected Works of Hsu Jingcheng),Yen I-p'in 嚴一萍編輯,十冊,台北:藝文印書館,1964年。

Li Hung-chang 李鴻章,《李文忠公全集》(Li Wen-chung kung ch'uan-chi/The Collected Works of Li Hung-chang),Wu Ju-lun 吳汝綸編輯,一百冊,北京,1905年。

Li Xuanbo 李玄伯,〈李文忠使俄與光緒中俄密約〉(The Mission of Li Hung-chang and the Sino-Russian Secret Treaty),《大陸雜誌》第1卷7期,台北:大陸雜誌社,1950年。

Li Xuabo 李玄伯,〈李文忠使俄與光緒中俄密約〉(T*he Mission of Li Hung-chang and the Sino-Russian Secret Treaty, Part II*), Vol. II. No. 5. Taipei, 1962.

Liu Kun-i 劉坤一,《劉坤一遺集》(*The Collected Works of Liu K'un-i*),六冊,重印,北京:中華書局,1959年。

Liu Ming-ch'uan 劉銘傳,《劉壯肅公奏議卷》(T*he Memorials of Liu Ming-ch'uan*),二卷,重印,台北:文海出版社,1968年。

Li En-han 李恩涵,《曾紀澤的外交》(*The Diplomacy of Tseng Chi-tse*),台北:中央研究院近代史研究所,1966年。

Li Kuo-ch'i 李國祁,《中國早期的鐵路經營》(*The Early History of the Railways in China*),台北:中央研究院近代史研究所,1961年。

Li Shu-ch'un 李書春,《李文忠公鴻章年譜》(*The Biographical table of Li Hung-chang*),台北:商務印書館,1978年。

Li Tz'u-ming 李慈銘,《越縵堂日記》(*A Facsimile Reproduction of the Diary of Li Tz'u-ming Covering the Years, 1863-1888*,五十一冊共八本線裝書,北京:商務印書館,1921年。

Liang Ch'i-ch'ao 梁啟超,《論李鴻章》(*The Biography of Li Hung-chang*),重印,台北:中華書局,1971年。

Ma Chien-chung 馬建忠,《適可齋記言》(*Notes on China and Foreigners Covering the Period of the 1880s*),重印,上海:中華書局,1953年。

Mai Zhonghua,《皇朝經世文新編》(Collection of Ch'ing Essays on the Economic and Political Problems),麥仲華主編,二冊,重印,台北,1965年。

Qing Esssays,《皇朝經世文續編》(Collection of Ch'ing Essays on the Economic and Political Problems),Ko Shin-chun 葛士濬編,二卷,重印,台北,1964年。

Qing Guangxu,《清光緒朝中日交涉史料》,八十八卷二冊,重印,台北:文海出版社,1963年。

Qing I pao,《清議報》(The Newspaper *Ch'ing-i*),Liang Ch'i-ch'ao梁啟超和Feng Ching-ju 馮鏡如,重印,台北:成文出版社,1967年。

Qing-shi Liezhuan,《清史列傳》(*Biographies of the Ch'ing Dynasty*) ch'ing-shih kuan 清史館編,八十卷,線裝書,上海:中華書局,1928年。

Quan Han-sheng 全漢昇,〈清季鐵路的官督商辦制度〉(The Government

Control and Merchant Management Railway System During the Ch'ing Period),《學術季刊》(*Heueh-shu chi-k'an/Academy Quarterly*)1954年第3卷第2期,台北:中央研究院歷史語言研究所。

《史學年報》(*Shih-hsueh nien-pao / The Bulletin of History*)1929年第1期,97-124。

《時務報》(*Shih-wu pao / The Newspaper The Chinese Progress*),重印,台北:華文出版社,1967年。

Wang Chih-ch'un 王之春,《使俄草》(*The Memoirs of the Mission to Russia*),重印,台北,1966年。

Wang Shu-huai 王樹槐,《外人與戊戌變法》(*The Foreigners and the Reform Movement of 1898 in China*),台北:中央研究院近代史研究專刊,1965年。

Wang Tao 王韜,《普法戰紀》(*The Prusso-French War of 1870*),八冊,香港:中華印務總局,1873年。

Wang Yen-wei 王彥威,《西巡大事記》(*Journal of the Western Inspection Trip*),王亮編,十二卷,北京:外交史料編纂處,1933年。

Wang Yen-wei 王彥威纂輯,王亮編,《清季外交史料》(*Documents on the Foreign Relations of the Last Two Reigns of the Ch'ing Dynasty*),一百一十二冊,北京,1933年。

Weng T'ung-ho 翁同龢,《翁同龢日記排印本附索引》(*The Diary of Weng T'ungho*),六冊,台北,成文出版社,1970年。

Wu Hsiang-hsiang 吳相湘,《俄帝國侵略中國史》(*The History of the Aggression of the Russian Empire on China*),台北:正中書局,1970年。

Wu-hsu pien-fa,《戊戌變法》(China's Reform Movement in 1898,中國史學會主編,四冊,上海:上海書店出版社,1953年。

吳文銜、張秀蘭著,《霍爾瓦特與中東鐵路》,長白山叢書,李樹田主編,長春:吉林師範院古籍研究所,吉林文史出版社,1990年。

《小方壺齋輿地叢鈔補編》(A Collection of Geographical Works),王錫祺編,十冊,重印,台北:廣文書局,1964年。

Zheng Chang-chun 鄭長椿,《中東鐵路歷史編年》,哈爾濱:黑龍江人民出版社,1997年。

《中法越南交涉檔》(The Documents Concerning the Negotiations between China and Francs over the Armam Issue),七卷,台北:中央研究院近代

史研究所,1962年。
Zhongguo Shehui Kexue Yuan中國社會科學院,《侵華日軍強擄中國勞工史實》,北京:中國社會科學院,2000年。
Zhang Zhi-dong 張之洞,《張文襄公全集》(*The Collected Works of Chang Chin-tung*)台北:文海出版社,重印版,六卷,1963年。
《中日戰爭》(*The Sino-Japanese War*),七卷,上海:中國史學會編,1956年。
《中俄外交史》,何漢文編,上海:中華書局,1935年。
《中外條約彙編》,于能模等人編,上海:商務印書館,1933年。

網路資料:貨幣縱橫、維基百科
歷史今日 Daymirrowcn.com
歷史鏡像館 https://baijiahao.baidu.com/
史記丹青 https://baijiahao.baidu.com/

III. Special Studies and Secondary Authorities:
特別研究及輔助資料

Banno, Masataka., *China and the West. The origins of the Tsungli Yamen*, Harvard Univ. Press, 1964.
Bland, J.O.P., *Li Hung-chang*, London, 1917.
Bland, J.O.P. and E. Backhouse, *China under the Empress Dowager*, London, 1910.
Carlson, Ellsworth, *The Kaiping Mines*, Harvard University Press, 1957.
Chang, Iris, *The Rape of Nanking: The Forgotten Holocaust of World War II*, Basic Books, New York, N.Y.1997.
Chirol, Valentine, *Fifty Years in a Changing World*, London, 1896.
Daily Telegraph, London, 1910.
Davidson-Houston, J.V., *Russia and China*, London, 1960.
Douglas, Robert, *Li Hung-chang*, New York, 1895.
Eastman, Lloyd, E., *Throne and Mandarins, China's Search for a Policy during the Sino-French Controversy 1880-1885*, Harvard Univ. Press, 1967.
Efimof, G., *Vneshnyaya Politika Kitaya 1894-1899* (*The Foreign Policy of China*

1894-1899), Moscow, 1958.

Fairbank, J.F., "Pattern Behind the Tientsin Massacre", *Harvard Journal of Asiatic Studies*, 1957, Vol. 20.

Fairbank, J.K. and S.Y. Teng, *Ch'ing Administration Three Studies*, Harvard Univ. Press, 1960.

Glinskii, B.B., *Prolog Russko-Yaponskoi voini I vitte* (*The Prologue of the Russo-Japanese War and Witte*), St. Petersburg, 1916.

Hsieh, P.C., *The Government of China, 1644-1911*, London, 1966.

Hummel, A.W., *Eminent Chinese of the Ch'ing Period*, 2 vols, Washington, 1943.

Joseph, Philip, *Foreign Policy in China 1894-1900*, London, 1928.

Kent, Percy, H., *Railway Enterprise in China* London, 1907.

Langer, W.L., *The Diplomacy of Imperialism, 1890-1902*, New York, 1951.

Lee, Robert H.G., *The Manchurian Frontier in Ch'ing History*, Harvard, 1970.

Leong Sow-theng, "Wang T'ao and the Movement for Self Strengthening Movement", Papers on China, Harvard, 1963. Vol. 17.

Malozemoff, Andrew, *Russian Far Eastern Policy 1881-1904*, University of California, 1958.

Meng, S.M., *The Tsungli Yamon*, Cambridge, Mass., 1962.

NCH, *The North China Herald and Supreme Court and Consular Gazette*, Shanghai, weekly.

Pelcovits, Nathan A., *Old China Hands and the Foreign Office*, New York, 1948.

Quested, R.K.I., *The Expansion of Russia in East Asia 1857-1860*, Singapore, 1968.

Romanov, B.A., *Ocherki Diolomaticheskoi Istorii Russko-Yapnonskoi Voini 1895-1907* (*The diplomatic history of Russo-Japanese war 1895-1907*), Moscow, 1947.

Schwartz, Harry, *Tsars, Mandarins and Commissars*, London, 1964.

Spector, Stanley, *Li Hung-chang and the Huai Army*, Seattle, 1964.

Tang, Peter S.H., *Russia and Soviet Policy in Manchuria and Outer Mongolia 1911-1931*, Duke University Press, 1959.

Teng and Fairbank, *China's Response to the West*, Harvard, 1954.

Thomas, Bryn and Daniel McCrohan, *Trans-Siberian Handbook*, Trailblazer Publications, 1988.

Trani, Eugene P., *The Treaty of Portsmouth: An Adventure in American Diplomacy*, University of Kentucky Press, 1969.
Tupper, Harmon., *To the Great Ocean, Siberia and the Trans-Siberian Railway*, Little Brown & Company, Boston, Toronto, 1965.
Vitte, Sergei, *Yesoominaniya* (*The Memoirs of S. Witte*), Moscow, 1906.
Vladimir, *Russia on the Pacific and the Siberian Railway*, London, 1899.
Von Laue, Theodore H., *Sergei Witte and the Industrialization of Russia*, New York, 1963.
Willoughby, Westel W., *Foreign Rights and Interests in China*, Baltimore, 1920.
Wolmar, Christian, *To the Edge of the World*, New York, Public Affairs, 2013.
Wu, Silas H.L., *Communication and Imperial Control in China*, Harvard Univ. Press, 1976.
Yarmolinsky, Abraham., *The Memoirs of Counte Witte, Forgotten Books*, London, 1921.

附件A
《中俄密約》（1896年6月3日）

俄曆1896年5月22日

大清國大皇帝陛下暨大俄國大皇帝陛下，因欲保守東方現在和局，不使日後別國再有侵占亞洲大地之事，決計訂立禦敵互相援助條約，是以大清國大皇帝特派大清國欽差頭等全權大臣太子太傅文華殿大學士一等肅毅伯爵李鴻章；大俄國大皇帝特派大俄國欽差全權大臣外部尚書內閣大臣上議院大臣實任樞密院大臣王爵羅拔諾甫，大俄國欽差全權大臣戶部尚書內閣大臣樞密院大臣微德；為全權大臣，即將全權文憑互換校閱，均屬如式，立定條款如左：

第一款

日本國如侵占俄國亞洲東方土地，或中國土地，或朝鮮土地，即牽礙此約，應立即照約辦理。如有此事，兩國約明，應將所有水、陸各軍，屆時所能調遣者，盡行派出，互相援助，至軍火、糧食，亦盡力互相接濟。

第二款

中、俄兩國既經協力禦敵，非由兩國公商，一國不能獨自與敵議立和約。

第三款

當開戰時，如遇緊要之事，中國所有口岸，均准俄國兵船駛

入,如有所需,地方官應盡力幫助。

第四款

今俄國為將來轉運俄兵禦敵並接濟軍火、糧食,以期妥速起見,中國國家允於中國黑龍江、吉林地方接造鐵路,以達海參崴。惟此項接造鐵路之事,不得借端侵占中國土地,亦不得有礙大清國大皇帝應有權利,其事可由中國國家交華俄銀行承辦經理。至合同條款,由中國駐俄使臣與銀行就近商訂。

第五款

俄國於第一款禦敵時,可用第四款所開之鐵路運兵、運糧、運軍械。平常無事,俄國亦可在此鐵路運過境之兵、糧,除因轉運暫停外,不得借他故停留。

第六款

此約由第四款合同批准舉行之日算起照辦,以十五年為限,屆期六個月以前,由兩國再行商辦展限。

光緒二十二年四月二十二日

俄曆一千八百九十六年五月二十二日

附件 B
《中東鐵路公司合同章程》（1896年9月8日）

兩國全權大臣議定，本日中、俄兩國所訂之約，應借漢文、法文約本兩分，畫押蓋印為憑。所有漢文、法文校對無訛，遇有講論，以法文為證。

大俄國欽差全權大臣外部尚書內閣大臣上議院大臣實任樞密院大臣王爵羅拔諾甫，大清國欽差頭等全權大臣太子太傅文華殿大學士一等肅毅伯爵李鴻章，大俄國欽差全權大臣戶部尚書內閣大臣樞密院大臣微德。

欽差駐俄大臣許景澄，欽奉光緒二十二年七月二十日諭旨，允准與華俄道勝銀行訂定建造、經理東省鐵路合同。中國政府現以庫平銀五百萬兩入股，與華俄道勝銀行合夥開設生意，盈虧均照股攤認，其詳細章程，另有合同載明。

中國政府現定建造鐵路，與俄之赤塔城及南烏蘇里河之鐵路兩面相接，所有建造、經理一切事宜，派委華俄道勝銀行承辦。所有條款列後：

第一款

華俄道勝銀行建造、經理此鐵路，另立一公司，名曰中國東省鐵路公司。該公司應用之鈐記，由中國政府刊發；該公司章程，應照俄國鐵路公司成規，一律辦理。所有股票，只准華俄商

民購買。該公司總辦，由中國政府選派，其公費應由該公司籌給。該總辦可在京都居住，其專責在隨時查察該銀行暨鐵路公司於中國政府所委辦之事是否實力奉行。至該銀行暨該公司所有與中國政府及京外各官交涉事宜，亦歸該總辦經理。該銀行與中國政府往來帳目，該總辦亦隨時查核。該銀行應專派經手人在京都居住，以期一切事宜就近商辦。

第二款

凡勘定該鐵路方向之事，應由中國政府所派總辦酌派委員，同該公司之營造司暨鐵路所經之地方官，和衷辦理。惟勘定之路，所有廬墓、村莊、城市皆需設法繞越。

第三款

自此合同奉旨批准之日起，以十二個月為限。該公司應將鐵路開工並自鐵路勘定及所需地段，給予該公司經理之日起，以六年為限，所有鐵路應全行告竣。至鐵軌之寬窄，應與俄國鐵軌一律，即俄尺五幅地，約合中國四尺二寸半。

第四款

中國政府諭令該管地方官，凡該公司建造鐵路需用料件，雇覓工人及水陸轉運之舟車、夫馬，並需用糧草等事，皆須盡力相助，各按市價，由該公司自行籌款給發。其轉運各事，仍應隨時由中國政府設法使其便捷。

第五款

凡該鐵路及鐵路所用之人，皆由中國政府設法保護。至於經理鐵路等事，需用華洋人役，皆准該公司因便雇覓。所有鐵路地段命盜、詞訟等事，由地方照約辦理。

第六款

凡該公司建造、經理、防護鐵路所需之地，又於鐵路附近開採沙土、石塊、石灰等項所需之地，若係官地，由中國政府給予，不納地價；若係民地，按照時價，或一次繳清，或按年向地主納租，由該公司自行籌款付給。凡該公司之地段，一概不納地稅，由該公司一手經理，准其建造各種房屋、工程，並設立電線自行經理，專為鐵路之用。除開出礦苗處所另議辦法外，凡該公司之進項，如轉運搭客貨物，所得票價，並電報進款等項，俱免納一切稅釐。

第七款

凡該公司建造、修理鐵路所需料件，應免納各項稅釐。

第八款

凡俄國水陸各軍及軍械過境，由俄國轉運經此鐵路者，應責成該公司，逕行運送出境。除轉運時，或必須沿途暫停外，不得藉他故中途逗留。

第九款

凡外國搭客經此鐵路，於中途入內地，必須持有中國護照，方准前往。若無中國護照，責成該公司，一概不准擅入內地。

第十款

凡有貨物、行李，由俄國經此鐵路仍入俄國地界者，免納一切稅釐。惟此項貨物，除隨身行李外，該公司應另裝車輛，在入中國邊界之時，由該處稅關封固。至出境時，仍由稅關查明所有封記並未折動，方准放行。如查出中途私折開，應將該貨入官。至貨物由俄國經此鐵路運往中國，或由中國經此鐵路運赴俄國

者，應照各國通商稅則，分別交納進口正稅。惟此稅較之稅則所載之數減三分之一交納。若運往內地，仍應交納子口稅，即所完正稅之半。子稅完清後，凡遇關卡，概不重徵。若不納子稅，則逢關納稅，過卡抽釐，中國應在此鐵路交界兩處，各設稅關。

第十一款

凡搭客票價、貨物運費及裝卸貨物之價概由該公司自行核定。但中國所有因公文書信函，該公司例應運送，不須給費；至運送中國水陸各軍及一切軍械，該公司只收半價。

第十二款

自該公司路成開車之日起，以八十年為限。所有鐵路所得利益，全歸該公司專得。如有虧折，該公司亦應自行彌補，中國政府不得作保。八十年限滿之日，所有鐵路及鐵路一切產業，全歸中國政府，毋庸給價。又從開車之日起，三十六年後，中國政府有權可給價收回，按計所有本銀，並因此路所欠債項，並利息，照數償還。其公司所賺之利，除分給各股人外，如有贏餘，應作為已歸之本，在收回路價內扣除。中國政府應將價款付存俄國國家銀行，然後收管此路，路成開車之日，由該公司呈繳中國政府庫平銀五百萬兩。

附件C
1861-1960西伯利亞—中東鐵路
主要歷史大事年表的表格版本：

年份	事件
1861年	俄國開始討論興建橫跨西伯利亞的鐵路，以加強對遠東的控制。
1891年	俄國沙皇亞歷山大三世批准興建**西伯利亞大鐵路**，尼古拉皇儲在海參崴主持動工典禮。
1896年	俄國與清政府簽訂《中俄密約》，獲准修建經滿洲的**東清鐵路**（中國東省鐵路），作為西伯利亞鐵路的一部分。
1897-1903年	東清鐵路建設完成，全線連接西伯利亞鐵路，並與俄國赤塔至符拉迪沃斯托克（海參崴）段接通。
1903年	**中東鐵路局**在哈爾濱成立，負責東清鐵路的運營和管理，哈爾濱迅速發展為東北的交通樞紐。
1904-1905年	**日俄戰爭爆發**，東清鐵路成為俄軍後勤補給線，但部分路段遭日軍攻擊和破壞，戰後南滿鐵路（長春至旅順）割讓給日本。
1917年	俄國**十月革命**爆發，東清鐵路由中、日、美、英等多國勢力爭奪控制權。
1918-1922年	**西伯利亞內戰**期間，東清鐵路成為白軍與紅軍的重要戰略線，並受到日本、英、美等國干涉。
1924年	**中蘇簽訂**《中蘇解決懸案大綱協定》，共同管理東清鐵路。
1929年	**中東路事件爆發**，張學良與蘇聯發生衝突，蘇軍擊敗東北軍，蘇聯重新控制東清鐵路。
1931年	日本發動「**九一八事變**」，占領滿洲，東清鐵路南段（長春至綏芬河）落入關東軍控制。

年份	事件
1932年	日本扶植滿洲國,東清鐵路南段改為滿洲國國營鐵路,並交由「南滿洲鐵道株式會社(南滿鐵路)」管理。
1935年	蘇聯將其持有的東清鐵路南段權益售予滿洲國,日本完全控制滿洲國鐵路系統。
1936-1945年	南滿鐵路在東北建立龐大的鐵路網,並進行軍事運輸及經濟開發,包括修建多條支線(如滿洲里線、綏芬河線等)。
1945年	**二戰結束**,蘇聯進攻滿洲,日本戰敗撤離,蘇聯接管東清鐵路。
1946年	哈爾濱成為中國東北的解放區,中長鐵路由蘇聯主導,負責戰後重建和運輸。
1950年	中國與蘇聯簽訂新協議,規定鐵路將逐步移交中國管理。
1952年	**蘇聯將中東鐵路正式移交中國**,成立**哈爾濱鐵路局**,全面負責該鐵路運營,成為中國鐵路體系的一部分。
1960年	**中蘇關係惡化**,蘇聯撤走援華技術人員,中東鐵路進一步納入中國自主管理體系,與全國鐵路統一調度運行。

```
國家圖書館出版品預行編目

走岔的西伯利亞鐵路：<<中俄密約>>與國際政治
博弈1896-1970 on / 徐永泰著. -- 臺北市：徐永泰,
2025.05
   面；  公分
ISBN 978-626-01-4079-3(平裝)

1.CST: 東亞史  2.CST: 近代史  3.CST: 鐵路史
4.CST: 中國

730.26                                    114004939
```

走岔的西伯利亞鐵路
——《中俄密約》與國際政治博弈 1896-1970 on

作　　者／徐永泰
出　　版／徐永泰
製作銷售／秀威資訊科技股份有限公司
　　　　　114 台北市內湖區瑞光路76巷69號2樓
　　　　　電話：+886-2-2796-3638
　　　　　傳真：+886-2-2796-1377
網路訂購／秀威書店：https://store.showwe.tw
　　　　　博客來網路書店：https://www.books.com.tw
　　　　　三民網路書店：https://www.m.sanmin.com.tw
　　　　　讀冊生活：https://www.taaze.tw

出版日期／2025年5月
定　　價／NTD 880元

版權所有・翻印必究 All Rights Reserved
Printed in Taiwan